新型コロナウイルスが人間社会へ残した禍根

渦中に見いだされたセレンディピティとコロナ世代の可塑性

加納寛子 編著　樫村愛子
大野志郎
葉養正明
河野義章
内藤朝雄 著

大学教育出版

まえがき

― 新型コロナウイルスが人間社会へ残した禍根 ―

　新型コロナウイルスは、全世界の人々を同時に VUCA（ブーカ）の時代へいざなったともいえるのではないだろうか。「VUCA」とは、Volatility（変動性）、Uncertainty（不確実性）、Complexity（複雑性）、Ambiguity（曖昧性）の頭文字をつなぎ合わせた言葉である。これら 4 つの要因により、我々の人間社会が極めて予測困難な状況に直面しているという時代認識を表す概念である。「VUCA」という用語自体は、1987 年のアメリカ陸軍戦略大学の資料で使用されており、世界経済フォーラムの年次総会（通称ダボス会議）の中でもたびたび使用されている [1]。しかしながら、あくまで特定の地域で起きている事象を説明するために使用されたにすぎない。全世界同時に VUCA の時代に突入し、いまだ不確かなこと・不明なことが多々ある状況と共存していかなければいけないこの時代こそ、不運を幸運に変えるソリューションが見いだせたらと願う。

　さて筆者が、何か怪しい病の兆しに接したのは、中国から日本の大学見学を兼ねた修学旅行に来た学生らに向けての講演依頼を受けて、東京へ出かけた 2019 年 11 月のことである。人工知能や情報系の研究をテーマとした学生らであった。午前の講演後に学生らとランチを共にしたところ、「小学生の頃からプログラミングが得意で、将来は AI を活用して、人々の生活や暮らしや街づくりに貢献したい」という大きな希望を語っていた。1 週間の日程で来日しており、スカイツリーと複数の大学を見学し、それらの大学の学生や担当の教員らと交流を行った後であった。最終日の午前中は、情報化と AI の進展に伴う人と社会の変容についての筆者の講演を聴き、午後には富士山の見学へ出かけるスケジュールで、とても楽しそうにしていた。

　ただ、前日に指定された宿泊施設に到着しても、誰と翌日の打ち合わせをし

たらよいかわからず、フロントで「私の依頼主はどこですか？」という質問を
すると、しばらく考えた後、通訳の人の部屋番号を教えてくれた。電話をかけ
ると、本来引率を予定されていた指導教員の先生のビザだけが出発までに下り
ず、学生40人ほどを通訳の人が引率して来日されていることがわかった。「明
日の打ち合わせをしましょう」という筆者の提案に対し、「疲れたので部屋に
いる」との回答であった。さらに、講演当日、通訳者は少し離れたところで通
訳をされていた。

　初対面なのに筆者はかなり通訳者に嫌われているように感じたため、最後
に理由を尋ねたところ、「39度の高熱があり、ずっと抗生物質の薬を飲んでい
るがまったく効かないので、うつすと悪いと思ったから離れていた」との回答
だった。日本に来る前から熱はあったが、指導教員も引率できず、代理の人も
いないため、休めなかったとのことであった。

　通訳の方の抗生物質の効かない高熱の病は、その人だけでなく、すでに周囲
の人も似た症状の人がいて、人にうつす可能性があり薬が効かない病だと認識
されている様子だった。その時期には、まだ、新型コロナウイルスの存在は世
界中で認識されていなかったので、通訳の方の説明を聞いたときは、ウイルス
ではなく抗生物質の効かないやっかいな薬剤耐性菌[2]が誕生したのかなと思
い、山形へ向かう岐路の新幹線に乗り込むとすぐにうがい薬でうがいをした。

　筆者はその後1週間ぐらいして風邪の症状が現れ、市販薬を飲んだが効か
なかったので、病院へ行きいろいろな薬を処方していただいて、2019年末に
はいったん回復した。2020年に入り後期の授業やレポートの採点、センター
試験の監督など忙しくしている中、また新しい風邪をひいたのか、年末の風邪
がぶり返したのか、風邪の治りが悪く何かおかしいなと思っていた矢先のこと
である。1月20日に横浜港を出港したクルーズ船ダイヤモンド・プリンセス
号の乗客で、1月25日に香港で下船した80代男性が新型コロナウイルス感染
症（以降「まえがき」では「新型」を省略）に罹患していたことが2月1日確
認されたことが、各種メディアで一斉に報じられた。

　ひょっとしたらこれかなと思い、さっそく保健所に連絡したが、「11月の接
触で、2月になっても完治しない風邪はコロナウイルスではない」という回答

で、PCR 検査の対象外と言われ、検査は受けられなかった。ただ、そうこうしているうちに回復し、同 2 月に東京へ出張で出かけた。山形から東京へ向かう新幹線は、自由席車両がほぼ 1 車両貸し切り状態で、驚いたものだった。ただ、東京へ到着すると、空気を詰めて走っていた新幹線とは打って変わり、山手線も総武線も飲食店等も満員・満席で普段通りに混み合っていた。新幹線の利用は急激に減少したものの、生活圏内での外出を控える人は少なかったようだ。

　2020 年 3 月には完全に回復し、万が一 11 月に感染した風邪がコロナウイルスだったとしても抗体[3] ができていて人にうつすことはないと確信していた。そのため、3 月に出かけた講演の会場で、11 月からのいきさつを最後に話したときの、一歩引かれたような人々の反応が忘れられない。

　講演では、情報の信憑性の判断やネットいじめに関するテーマで、独りよがりの正義や、断片的な情報による判断が、ネットいじめや差別・偏見を醸成するというような話をした。膨大な情報があふれる昨今であるからこそ、見えやすい部分だけで判断することなく、全貌を捉えて物事を判断する必要がある。そのために、ビッグデータ分析は公正かつ公平に物事を判断するためにも重要だというような話であった。その話の流れで、コロナウイルスに関しても、シミュレーションだけで判断するのではなく、きちんと実データを検査して分析し、意思決定や判断を行うべきだということを伝えたいために、11 月から 3 月にかけて筆者の身に起きたことを講演の最後に話したつもりだった。

　司会者の方が質問の有無を尋ねると、すくっと手が上がった。普段は自主的な質問は出ないことが多いので、どんな質問かなと、パワーポイントをスクロールさせながら耳を傾けると「保健所には電話をしましたか？」という質問だった。「私は保健所に電話をしても対象外と言われ検査ができなかった、私と類似した人が多数いるだろうから、保健所は検査希望者を速やかに検査し、日本も海外のように実データの分析が必要だ」という話の直後の質問である。話がよく伝わらなかったのかなと思いつつ筆者は「はい」と答えた[4]。

　不安にさせてはいけないと思い、11 月に感染したとしても完治した 3 月の時点では抗体ができていて、抗体は抗原を攻撃したり排除したりする作用があり、抗原であるウイルスを拡散させることはないことも付け加えておいたが、

不安を抱かれた方にどれほど伝わったか定かではなく、良い思い出ではない。

　この件があって以降、コロナに感染し完治した人が出社してくると拒否したり、感染者宅に投石したりする人がいた背景に、検査の不行き届きが人々の疑心暗鬼を醸成し、抗体と抗原の意味をよく理解していないことが、感染者差別や偏見の要因の一つになったのではないかと考えるようになった。

　その矢先、顔なじみの保険外交員の人が研究室の前を通りかかったので、コロナデマやコロナ差別について雑談した。外交員の方は「差別してはいけないと頭ではわかっていても、実際に狭い職場の隣の席にコロナ完治者が来ることになったら怖いと思う」とおっしゃった。筆者は完治すれば抗体ができるはずであることも伝えたが、外交員の方は「抗体ができてもウイルスが消えることはないでしょ」と、おっしゃった。いったん感染した人は、たとえ回復しても、ウイルスを持ち続け、周囲にうつす可能性があると信じ、不安を募らせた人々もいたことを推し量った。

　その一方で、ワクチン接種には、積極的な人が多いようだ。2万人が登録しているフェイスブックの某グループ内で「4月から対面授業になる予定だ。教壇に立つ高齢者にはワクチンを迅速に投与して欲しい（2021年3月）」と書かれている方がいた。ワクチン接種は、体内にコロナウイルスの抗体を作ることにより、感染を防止する行為であるので、もしも、抗体ができても感染力をキープし続けるならば、ワクチン接種により抗体保持者を増産することは、感染させる可能性のある人を増産することになり矛盾する。感染によって抗体を獲得した人に対して偏見を持つ人はいても、ワクチンによって抗体を獲得した人に対して偏見を持つ人はいなかったようだ。

　また、ネット上の感染者を差別する発言を見ると、ウイルスによる感染症であるのに、「日頃の不徳がたたって感染した」というような、非科学的な因果応報として解釈しようとしている人がいることも垣間見られた。

　これらの体験から、コロナ差別や偏見をする人の中には、抗体と抗原の違いを十分理解していないために「ウイルス感染者は完治してもウイルスの抗原が体内に潜伏する」という考えを持っている人や、因果応報と考えている人が一定数いたのだろう。

　しかしながら、あれから2年たった今では、様相は激変した。2022年1月より山形でも無料PCR検査が誰でも受けられるようになり、対面による講演など人前に立つ機会があれば、3日前ぐらいに検査を受けに行けば、陰性証明をスマホで提示することができるようになり、不明瞭な疑心暗鬼に人々を駆り立てる要因は消滅した。

　2年前はPCR検査に関して、日本国内では感染症の専門家のような人々まで偽陽性・偽陰性が出ると述べていた。WHOはそのような発信をしていないというような発言はほとんどかき消されていた。「VUCA」の中、積極的に実データを取得し、実データに基づくフローを取らなかったために、偽情報が蔓延したのである。2022年2月17日NHKのWebサイトによれば、神奈川の直近1週間のPCR陽性率が100.0%であった。99.9%でなく100.0%ということは、直近1週間に行政検査を受けて陰性だった人や偽陰性だった人が1人もいないことを示す。新型コロナ流行当初の、実データに基づかず偽陽性・偽陰性が出るという仮説を実データが覆した結果ともいえる。

　ところで学力調査のTIMSSやPISAの調査では、日本の子どもたちの科学的リテラシーは高い方であるにもかかわらず、実社会の中ではなぜ非科学的な概念にとらわれがちなのか？　この問いについては、ドリル型の学習が先行し、生きた学力が身についていないなど意見は枚挙にいとまがない。学んだ知識が生かされていない様がこのコロナ禍2年の間にいくたびも露見した。

　コロナ後遺症は、倦怠感、呼吸困難、胸の痛み、脳の霧、不眠、めまい、関節痛、下痢、頭痛、発熱、咳などさまざまな症状が報告されているが、そのメカニズムはまだ解明されていない[5]。ワクチンについて接種直後のアナフィラキシーや副反応については言及されているものの、10年後、20年後の長期的影響についての検証はまだなされていない。また、これまでのアレルギーの種類については食物や環境（花粉・ハウスダストなど）と関連がないことが報じられたのみで、ピリンアレルギー、マクロライドアレルギーなどの薬物アレルギーとの関連については、いまだ解明されていない。

　しかしこれまで、人類は不確実なこと、不明瞭な状況と常に対峙したり共存したりしつつ、叡智をもって適切な選択をしてきた。フェイクニュースのよう

に意図的に真偽が織り交ぜられた情報を拡散することは許されないが、自然界は未知と不確実性のジャングルともいえる。

「禍福は糾える縄の如し」「塞翁が馬」などの古くからのことわざがあるように、禍が契機となり幸福が訪れることもあろう。コロナ禍における人々の行動には不可解な点が多数見られるが、不可解な人々の行動も含めて社会は成り立っている。コロナウイルスが人間社会へ残した禍根は何か、そして、その禍の後にはどんな福が来るのか議論したい。

そして、コロナ禍に遠隔授業（オンライン授業）を余儀なくされ、パソコン画面を見続ける学生生活に落胆している学生、コロナ鬱になっている人、コロナの影響で人間関係・学業・仕事等に悩む人々すべてに、本書がコロナ禍の後に来る「福」と希望を与える契機になれば幸いである。

2022 年 2 月吉日

加納　寛子

注

1) U.S. Army Heritage and Education Center（Nov. 22, 2021）https://usawc.libanswers. com/faq/84869（2022 年 1 月 31 日アクセス）

2) 抗菌薬が効かないもしくは効きにくくなった細菌のことを薬剤耐性菌という。細菌は単細胞生物（1 つしか細胞がない生物）の一種で、ウイルスは細菌の 50 分の 1 程度の大きさで細胞を持たない。ウイルスには細胞がないので、他の細胞に入り込んで生きていく。

3) 抗体は免疫グロブリンというタンパク質であり、ウイルスや細菌など免疫反応を引き起こす異物（抗原）が体内に入ってきたときに、攻撃したり排除するように働く。抗体は感染し完治した後に獲得される他、ワクチン接種により獲得される。

4) 2020 年 2 月以外にも、3 度保健所には電話をしたことはあるが、3 度とも対象外と言われ、検査の対象になったことはない（2021 年 3 月）。ただし、2022 年 1 月より山形でも無料 PCR 検査が普及したため、2022 年現在ではこのような事態は起きなくなっている。

5) NHS（National Health Service）Long-term effects of coronavirus（long COVID）https://www.nhs.uk/conditions/coronavirus-covid-19/long-term-effects-ofcoronavirus-long-covid/（2022 年 1 月 31 日アクセス）

新型コロナウイルスが人間社会へ残した禍根
― 渦中に見いだされたセレンディピティとコロナ世代の可塑性 ―

目　次

新型コロナウイルスが人間社会へ残した禍根
― 渦中に見いだされたセレンディピティとコロナ世代の可塑性 ―

第 1 章

新型コロナウイルスが人間社会へ残した禍根と
コロナ世代の誕生

　コロナ禍では、ウイルスへの恐怖だけでなく、デマやフェイクニュースが飛び交い、真実と偽の情報が人々を不安と恐怖と疑心暗鬼に駆り立てた。営業を自粛しない店を攻撃する自警団的な「自粛警察」、マスク不着用を注意する「マスク警察」、帰省者を監視する「帰省警察」、県外ナンバーの車を傷つける「他県ナンバー狩り」などの歪んだ正義がさらに人々に禍根を残した。そのような大人たちの行動は、子どものアンコンシャス・バイアスにつながり、子どものいじめを助長するであろう。

　本書では、新型コロナウイルスによるパンデミックの影響を受けた2020～2023年の頃に小学校入学から大学卒業時期を迎えた世代、すなわち1997～2017年の間に生まれた世代を「コロナ世代」と定義する。そして、コロナ世代を取りまく環境と困難の現状を潜思し、それを乗り越えていくであろう期待を込めている。

1．コロナ禍が起因となり分断される人々

（1）　家庭内で起きた分断
　1）　不仲になる家族
　コロナ禍ほど同じ景色を眺めても人によって見え方が異なる時代はないのではないか。人々は予期せぬ事態の中、生活面や経済面に不安を抱え、リモートワークや外出自粛で自宅にいる時間が増えたことで、絆を深めた人々、亀裂

を深めた人々などさまざまであったことだろう。各種メディアでコロナ禍に家庭内でDV被害が急増した[1]、共に過ごす時間が増えたことでかえって喧嘩や不仲になりコロナ離婚が増えた[2]など、種々の変化が報じられた。

　さらに、家出する子どもも増えていると報告されており[3]、親子間にも亀裂を引き起こした様子がうかがえる。適切な身の寄せ先や逃げ場を見つけられず、SNSで知り合った人に容易に誘導されて家出をし、略取誘拐や人身売買事件の被害者になる事件も各地で起きている。女性や子どもの自殺が増えたとメディアに報じられていた状況[4]も見過ごせない。2020年に自殺した児童生徒は479人で、過去最高だったと報道されていた。特に女子高生の自殺は138人で倍増したとのことである。

　どのような災害時にも弱者に被害のしわ寄せが来ることが多い。外出自粛となり、安心したい場所が自宅にないと感じる女子高生が多かったのではないか。「青少年の体験活動等に関する実態調査（平成26年度調査）」（国立青少年教育振興機構、平成28年発行）によれば、高校2年生の個室率（自分が一人で使っている部屋が自宅にあるか）について、全体では75.9%であるが、男子が79.3%であるのに対し、女子は72.6%にとどまる。自宅の部屋数が少ない場合、男子生徒には個室を与えるが女子生徒には個室を与えていない家庭が一定数あるようである。

　2）「死にたい」とつぶやく子どもたち
　個室があるがゆえに自室に引きこもる「ひきこもり」の問題もあるが、個室があれば勉強に専念したり、一人で落ち着いて自分と向き合ったりできるであろう。しかし、自宅に個室がなく、家族との折り合いも悪く自宅に居場所を見つけられず、外出自粛が続く中で、外にも安心した居場所が見つけられず、自殺しようと考えた女子生徒もいたのではないかと推察する。実際、Twitterで「ハッシュタグ＃死にたい」「＃自殺」「＃死にたい人と繋がりたい」等を検索すると、大量につぶやきが検出される。SNSで「死にたい」や「殺してほしい」と書き込むケースはおよそ3パターンある。
　①　（本人による）軽い気持ち

②　（本人による）わらをもつかむ気持ち

③　（他者による）いたずら

　思春期の子どもたちは、軽い気持ちで、ハードな部活を終え疲れたときに「お腹すいて死にそう」とつぶやいたり、大切なものをなくしたときに「死にたい気分」とつぶやいたりすることはある。決して彼らは本当に死にたいわけでも、死にそうなわけでもないだろう。このようなケースが①の「（本人による）軽い気持ち」に該当する。

　そして、友だち同士のリアルな会話であればすぐに忘れられるような軽い発言を、SNSでつぶやくことで言葉は一人歩きする。どうせ誰も気にとめないだろうと、はじめは軽い気持ちで「死にたい」と書いただけであっても、些細な発言に共感し親身に語りかけてくれる人が現れると、ぞんざいな返事しかしない周囲の大人たちより、ずっと自分のことを大切に思ってくれる人ではないかと錯覚し、SNSで知り合っただけの相手に親近感を寄せるのである。SNSで知り合った人の甘言に惑わされず、自分のことを思って、きちんと叱ってくれる人、諭してくれる人の見極めが肝要である。

　コロナ禍前の事件であるが、2019 年 11 月に起きた大阪の小学生が SNS で知り合った栃木県の男性の家まで在来線を乗り継いでついて行き監禁された事件や、2017 年 10 月に発覚した座間 9 遺体事件では、SNS で理解を示すメッセージをもらっただけの加害者の元へ、被害者が自らの足で向かい殺害された。これらに類する未遂事件は多数起きていると、警察関係者やメディア関係者から聞いた。

　2021 年 2 月には名古屋で、Twitter に「私を殺してくれませんか」という趣旨の書き込みをした 20 歳の女性を 31 歳の加害者が包丁で刺し、財布を奪う事件が起きた。この事件の場合は、被害者が途中で死にたくないという趣旨のことを言ったため、一度刺しただけで加害者は殺さず逃げた。SNS で「死にたい」や「殺してほしい」と書き込む多くは、「本当には死にたくない、今のつらい気持ちをわかってほしい」と共感を求めているだけだと考えるのが妥当であろう。

　②の（本人による）わらをもつかむ気持ちで書かれているケースは、緊急性

の高い SOS と判断すべきである。すぐにでもシェルターへかくまうなどの対処が必要だ。もし緊急性が高いと判断すれば、迅速に公的な相談機関に接続させていくことが肝要であろう。

SNS でつぶやいても本質的な解決につながることは少なく、むしろ犯罪に巻き込まれるリスクの方が高いので、適切な相談機関に相談してほしい。

厚生労働省では 2008 年から都道府県・政令指定都市が実施している「心の健康電話相談」等の公的な電話相談事業に全国共通の電話番号を設定する「こころの健康相談統一ダイヤル」の運用を行っている[5]。「こころの健康相談統一ダイヤル」は夕方から夜間にかけての時間だけだが、全国の「いのちの電話」相談では、24 時間対応している地域もある。

ただし、相談員も人であるので、その人の経験や温度差により、対応が異なることもある。たとえ一つの相談機関で「とてもこんな人は自分のことをわかってくれそうにない」と思っても、相談機関を変えたり、相談時間を変えたりすると、対応する人も変わることが多いので、複数の人に相談し、ベストな解決策を選ぶとよい。

中には③（他者による）いたずらの場合もある。いじめたい人になりすましてアカウントを作成し、あたかもその人が「死にたい」と書いているかのようなつぶやきをするのである。これは非常に悪質ないたずらである。誤解により、見ず知らずの第三者に危害を加えられる危険もある。このような書き込みは迅速かつ厳重に取り締まる必要がある。

3）「死にたい」と検索する人の推移

「死にたい」と自殺を思い立つ人、なんとなく検索する人、検索する理由はともあれ、「死にたい」と検索する人の推移を調べてみた。「死にたい」と Google で検索した数の割合（%）をグラフにした（図 1-1）。（検索回数）÷（基準値）を相対値、すなわちデータの中で一番検索数が多いデータを 100% とし、それ以外のデータは（データ）÷（一番多いデータ）として割合を計算してグラフにしている。そのためグラフの縦軸の単位は%である。R^2 値[6] が高くなる近似曲線を探したところ、多項近似（5次）曲線が最も高くなったため

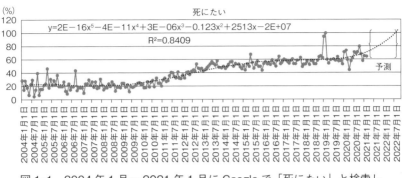

図 1-1　2004 年 1 月〜 2021 年 1 月に Google で「死にたい」と検索した検索数の割合と 2022 年 7 月までの予測近似曲線

5 次関数を選択した。中括弧部分は、5 次関数による予測曲線部分である。

　図 1-1 を見ると 2019 年 1 月頃が検索のピークである。2019 年 1 月といえば、熊本で震度 6 弱の地震が起き、東京では 21 歳の男性が死刑制度への報復と称して、竹下通りで 8 人をはね死刑宣告を受けた事件があった。その前の時代背景を表す現象の一つとして、2018 年 12 月には「そだねー」という言葉が流行語大賞を獲得した。「そだねー」は軽々しく互いの同調・協調を表し、真綿で締めるような同調圧力の権化とも受け取れる。真綿で締めるような同調圧力が苦しく「死にたい」と考え検索する者が一時的に増えたかもしれない。

　あくまでこれは検索数であり、検索数は、実際の自殺者数とは比例していない。だが、「死にたい」という検索数の割合はこの 10 年上昇し続けている点には注目すべきであろう。

　実際の自殺者数、特に男性の自殺者数は、失業率と連動しており、1998 〜 2011 年は 3 万人を超していたが、失業率の改善とともに減少し続け、2019 年には 1 万 9,959 人となり 2 万人を下回った。だが 2020 年の自殺者数は、2 万 919 人となり上昇に転じた。コロナの影響を受けた失業も一因であろうが、女性や子どもの自殺者が増えた点が、これまでの自殺者数推移の傾向と異なる[7]。

　図 1-2 は児童生徒 100 万人あたりの自殺者数である。小学生の自殺者数は、100 万人あたりに換算するとゼロになるが、1970 〜 2019 年の間は一桁であっ

図 1-2　児童生徒 100 万人あたりの自殺者数

文部科学省「学校基本調査（2020 年）」と「児童生徒の問題行動・不登校等生徒指導上の諸課題に関する調査（2020 年）」を元に筆者が作成。右目盛りが自殺者数、左目盛りが児童生徒数

たが、2020 年に初めて 2 桁となり 14 人の小学生が自殺した。図 1-2 を見ると、1970 年代には 100 万人あたり 50 人程度の高校生が自殺しており、1979 年の 380 人をピークに 1990 年にかけて緩やかに減少していった。だが 1996 年あたりから上昇に転じ、2019 年から 2020 年にかけて急増している。18 歳以下の 2019 年の自殺者数は 317 人であったが、2020 年には 479 人であり、1.5 倍に増加した。2020 年の女性や児童生徒の自殺の増加を報じた多くのメディアは、コロナ禍や芸能人の自殺等が影響を与えたと一斉に報じていた[8]。それらもまったく影響がないわけではないだろうが、児童生徒の自殺増加については、すでに 15 年ほど前から徐々に始まっており、長期的な要因が他にあるとみるべきだろう。メディアが事実の一面しか報道していないことは、よくあることである。

　警察庁「自殺者統計」によれば、2019 年の 19 歳以下の自殺者数は 659 人、20 歳代は 2,117 人であったのに対し、2020 年の 19 歳以下の自殺者数は 715 人、20 歳代は 2,506 人であり、若年層の自殺者数が増加している。これらのうち大学生は 422 名、専門学校生は 113 名であり、高校生の自殺者数より大学生の自殺者数は多い。若年層の自殺の要因には、学校問題、家庭問題、人間関係などが挙げられる。生徒の自殺件数が緩やかに増加していたところへ、コロナウイルスへの恐れや、緊急事態宣言などの社会の変化に伴うによるストレ

スや不安、遠隔授業下で友人が作れなかったり、孤立感（Isolation）・疎外感（Alienated）を抱いたり学業に躓いたりしたことが要因となり、自殺したとも推察できる。

（2）　地域に広がった差別と分断 9)

1)　コロナいじめ、嫌がらせ、広がった差別

　青森県では、お盆に東京から帰省した人をとがめ、早く戻るようにという手紙が玄関に置かれたという。半年近く感染者がゼロだった岩手県では、一部の飲食店に「他県者お断り」の張り紙がされた。また、佐賀県や静岡県などでは、感染した人の家に石が投げ込まれるという事件も発生している。他県ナンバーの車を傷つけたり、落書きしたりする嫌がらせは全国各地で起きている。

　コロナウイルスに感染したことで、近隣住民や職場の人々から嫌がらせをされ、仕事を辞めたり、引っ越しを余儀なくされたりしている人もいた。このほかにも、患者の顔写真とともに「この顔にピンときたらコロナ注意」などと書かれたビラがまかれた、院内感染が起きた病院に「火をつけるぞ」という脅迫電話があった、訪問看護師が訪問先で停めていた車に乗ろうとすると「お前のせいで感染が広がる」と罵声を浴びせられた、病院関係者が飲食店の入店を断られた、医療従事者の子どもが学童保育や保育所で登園を断られた、クラスターの発生した大学に通う学生が、バイト先から出勤するなと言われた、コロナ感染者の発生した小学校に通う子どもが、塾で別の学校の児童に「コロナが出た小学校の子の隣に座りたくない」と言われた —— などなど、コロナ差別の事例は数多い。

　感染が明らかになることで、周囲の人に攻撃されたり、ネット上で名前が拡散されたりすることを恐れて、きちんと検査を受けるのをやめてしまう人もすでにいる。適切な治療や隔離がなされないのは、本人にも社会全体にもマイナスである。

　図1-3は「コロナ」とGoogleで検索した数の割合（%）を表したグラフである。（検索回数）÷（基準値）を相対値、すなわちデータの中で一番検索数が多いデータを100%とし、それ以外のデータは（データ）÷（一番多いデータ）

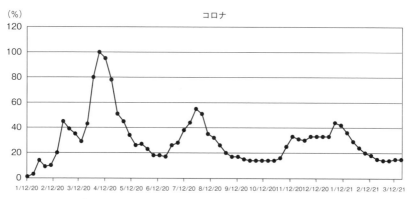

図1-3　2020年1月〜2021年3月にGoogleで「コロナ」と検索した数の割合

としてパーセンテージを計算してグラフにしている。第1の山は2020年4月上旬、第2の山は同8月上旬であり、この頃、コロナ感染者への誹謗中傷やコロナデマ、ネットストーキング、近隣住民による自粛警察などの問題がよく報道されていた。第3の山といえるほどではないが、なだらかな山が2020年12月から2021年1月にかけて見られる。この頃はデマや誹謗中傷というより変異ウイルスが話題となり「コロナ」というキーワードを検索したと推察できる。

　海外のいくつかの新聞社やテレビ局のコロナ関係の記事を調べたが、感染者が近隣住民から嫌がらせを受けたという事例は、ほとんど報じられていない。3月下旬に慶応大学、大阪大学などの心理学者が日本、米国、英国、イタリアの4カ国の人にウェブで「新型コロナウイルスに感染するのは自業自得だと思うか」という調査をしたところ、日本では「そう思う」と答える人が突出して多いことがわかった。日本には他の3カ国よりも、病気にかかった人を責め、排除しようとする不寛容さがあるとわかる結果だ。

　日本人の不寛容さの背景には、行為の善悪に応じてその報いがあるという（非科学的な）因果応報の考えを持つ人が一部にいるからだろう。因果応報の意味には両面あるにもかかわらず、善行を積めばいずれ努力が報われるという利用のされ方より、人が失敗したり、不幸があったときに、「罰が当たった」

というような意味で因果応報という言葉が使用されがちである。そのため「コロナにかかった」という不幸をいたわるより、「悪い行いへの報いがあったと」自己責任として片付けようとするため、感染者を排除しようとしたり、攻撃しようとしたりする人が一部にいるのだろう。

　個人攻撃は、感染者を特定し、公開し、責め立てようとするネット上の「感染者ストーキング」という形でも現れている。岩手県で初の感染者が出た際、テレビがその人が関東の方へキャンプに行っていたなどと報じていた。大切なことは、何が社会にとって必要な情報で、何が不要であるかをきちんと切り分けたうえで、エビデンスに基づいた正しい情報を多くの人が知ることだ。

　感染者がどこの誰か詮索したところで、野次馬的な欲求が満たされるにすぎない。むしろ、もし自分の愛する家族が感染者となったが場合、自分はどう接するかを考え、他の感染者に対しても自分の家族同様に気遣う思いやりを持つべきだろう。

2）　大人の悪質な言動が子どもに影響する

　コロナ感染者を攻撃する行動は、ウイルスより悪質である。そうした大人たちの言動は、少なからず子どもたちに影響する。家庭など周囲の環境によって、無意識のうちに植え込まれる偏見や差別感情のことを「アンコンシャス・バイアス（Unconscious bias：無意識の偏見）」という。コロナ禍の大人の態度が、青少年の心に「アンコンシャス・バイアス」を植え付けていないか危惧される。子どもたちのいじめは、大人の言動が発端になることがよくある。

　2011年の東日本大震災の後には、このような事例があった。原発事故によって福島から横浜に避難した児童が、転校先の小学校で「菌」と呼ばれ、長期間にわたっていじめを受けた。横浜市教育委員会の第三者委員会による調査で、5年生の時には、多額の金銭をせびりとられたこともわかっている。加害児童ら約10人と遊園地やゲームセンターへ行き、遊興費や飲食代、交通費を10回近く負担させられたほか、遊び道具を買わされた。被害者の代理人弁護士によれば、たかられた総額は約150万円に上るという。このような実態が明らかになり、2017年に教育長が謝罪した。

　こうしたいじめが起きると、多くの報道ではまず「福島から横浜に転校した」と、被害者の立場が報じられる。だが、いじめ問題の解決の糸口を探るために重要なのは、加害者側の言動や心理である。被害者の訴えによれば、加害者は「賠償金があるだろう」と言って金銭をせびったという。小学生が自分で思いつく「理由」とは考えにくい。加害者の親など身近な大人が、原発事故から避難した人たちについて、そのようなことを話していて、それを真に受けた子どもが転校生にいじめを行ったと想像がつく。

　もちろん、どんな場合にも「いじめてよい理由」など、どこにもないのだが、周囲の大人の言動が子どもに「アンコンシャス・バイアス」を植え付け、自分のいじめ行為を正当化していたケースといえるだろう。

3）「いじめ加害」は継続し、世代を超える

　英国で、少年の行動について世代を超えた追跡調査が実施されている。ケンブリッジ大学の研究者を中心とする研究グループが政府機関の協力を得て実施し、1961 年に始まり現在も続いている大規模な長期研究である。

　少年の生活や環境と反社会的な行動の関係、非行の始まりや、それが継続するか否か、犯罪と心身の健康の関係などが研究の対象になっているが、その中で、いじめに関しても興味深い知見が得られている。

　調査対象は、1961 ～ 62 年に南ロンドンの公立小学校 6 校に在籍した 8 ～ 9 歳の全男子児童 411 人である。ほとんどが労働者階級の家庭に生まれた白人だ。研究者は彼らを追跡し、インタビューや書面で状況を調べている。対象となった人たちのほとんどが継続的に調査に応じており、その子どもたちも 8 割以上も協力しているという。その中で、14、18、32 歳の時のインタビューでいじめについての調査が行われた。

　1982 年からこの研究を主導するケンブリッジ大学犯罪学研究所のデイビッド・フィリップ・ファーリントン名誉教授の論文（1993 年発表）によると、14 歳の時にいじめ加害者だった者は、18 歳の時も、32 歳の時もいじめ加害者側である傾向がわかった。年代が上になってもいじめを継続していることが統計的に示されたのである。一方、いじめの被害経験が年齢を重ねても継続する

かどうか、統計的に有意な結果は認めらなかった。

　また、この調査では、いじめ加害者は、その親もいじめ加害者であることが多いとされ、いじめ加害には親の影響が大きく、加害が世代を超えて受け継がれていることが推察されている。一方、いじめ被害は世代継承していない[10]。

　ここからもわかるように、いじめは根源的に加害者の問題であり、そこには身近な大人の影響が色濃い。影響が目に見えるのは、例えば、不機嫌な親に殴られたり、親にネグレクトされている子どもが、そうした家庭でのストレスを晴らすために学校でいじめをするといったケースである[11]。

　横浜の事件に限らず、2011年から各地で続いた原発事故にからんだいじめは、子ども社会で長期間くすぶり続け、最近になって、ようやく収束してきたといえるのではないか。子ども社会のいじめは、大人社会のいじめ・差別・ハラスメントよりも一歩遅れて始まり、長く定着する。コロナによって生まれた大人社会の問題が、子どもたちにどんな影を落とすのか、注意深く観察し、対処していく必要がある。

　海外の事例を見ると、米国では、トランプ大統領が新型コロナウイルスを「中国ウイルス」と呼んでいたことなどがアジア系住民への差別につながり、2020年3月にテキサス州でアジア系の家族3人がスーパーマーケットで刺されるという事件が起きた。この事件にとどまらず、米国で児童生徒のいじめ対策や防止活動をしている全国組織は、コロナ感染が広がる中、依然としてアジア系の子どもたちが差別やいじめを受けていると述べている。

　米国の子育てサイト（verywell family）[12]の調査によれば、コロナ禍で学校が休校になり、遠隔授業やゲームなど、自宅でネットを利用する子どもたちが増え、ネットいじめがコロナ禍以前よりも70％も増えた。特にオンラインゲーム内での悪意のある発言や行動、Twitterで中国と中国人に対するヘイトスピーチが著しいとのことだ[13]。

　英国でもコロナ禍においてネットいじめが増加傾向にあると指摘されている[14]。新しい形態として主に米国で2005年から活動している団体STOMP OutBullyingによって「Zoomいじめ」「Zoom爆弾」が指摘されている。「Zoom爆弾」というと日本では、ビデオ会議に突然見知らぬ人が乱入し、わ

いせつな画面などをばらまく業務の妨害が報道されているが、ここで指摘されているのは、子ども同士が Zoom や Meet などのオンライン会議システムでつながり、そこでいじめが発生する問題だ。

　会議システムは無料で子どもが開催者になることもでき、第三者の目が容易には行き届かない。ストレスを抱えた子どもが大人に内緒で集まると、格好のいじめ空間になってしまうのである。

　大人社会のコロナ感染者への攻撃やいじめ、差別にきちんと終止符を打たない限り、その悪影響が子ども社会でくすぶり続ける危険がある。東日本大震災後に生まれた「原発いじめ」の失敗から多くを学び、「アンコンシャス・バイアス」に早く終止符を打ち、子ども社会への感染を防ぐ必要がある。

（3）　フェイクニュースと誹謗中傷

　現代の人々を分断する要因に、ネット上のフェイクニュースと誹謗中傷の問題は欠かせない。ネット上の不確かな情報を信用していなくても人々の行動へ影響を与えること（Kanoh, 2018a）[15]、噂が人の評価に影響を与えること（Kanoh, 2018b）[16] が、調査より明らかになっている。現代人の多くは、LINE や Twitter、Facebook などの SNS を利用しており、それらを友人や職場の仲間との連絡ツールとして、必要不可欠なものと捉えている人は少なくない。

　その一方で、SNS といえばフェイクニュースと誹謗中傷の巣窟であるかのように捉え、できれば子どもには使わせたくないと思っている保護者も一定数いるようだ。確かに、政治に影響を与えるようなフェイクニュースもあれば、熊本地震の時に「ライオンが放たれた」とうその画像つきのデマが SNS で拡散される事例など、さまざまなフェイクニュースが拡散された。英国 DCMS 下院特別委員会の中間報告書 "Disinformation and 'fake news': Interim Report" ではフェイクニュースを以下の6つに分類している。

　①　Fabricated content：完全に虚偽の情報である。
　②　Manipulated content：過激な見出しをつける等、元情報を歪めている。
　③　Imposter content：情報の発信元を偽っている。

④　Misleading content：誤解を招いたり判断を誤らせる情報の伝え方をし
　　ている。

⑤　False context of connection：正しい情報が間違った文脈で利用されて
　　いる。

⑥　Satire and parody：風刺とパロディー。

①は 100％の嘘だが、②〜⑥は嘘と真実が混在している。嘘と真が混在し
ている場合は、大人でも容易ではない。

　例えば、ある小学校で、たまたま T さんが生き物当番の翌日に、水槽の魚
が死んでしまうという偶然の事件が起きたとする。成績も良く気立ての良い T
さんのことをねたみ陥れたいと思っている S さんは、クラスの人が見ている
SNS 上に「T さんが生き物当番の時に、水槽に消毒液を入れているのを見ま
した」という書き込みをする。それはクラス中の子どもたちに拡散される。

　　真：水槽の魚が死んだ。

　　嘘：T さんが水槽に消毒液を入れた。

　嘘と真の混在した情報を得た子どもたちは、T さんはそんなことをする子
ではないと思いつつも、「ひょっとしたら？」と、疑心暗鬼のまなざしを向け
ることになりかねない。あっという間に T さんと周囲の子どもたちの間に分
断が起き、T さんをいじめようとする空気が生まれるかもしれない。

　SNS では嘘か真か定かでない情報が、あっという間に拡散される。図 1-4 は
HOAXY[17] を用いて、ワクチンのアナフィラキシー（Vaccine Anaphylaxis）
に関するツイートの拡散状況を調べた結果から一部を取り出したものである。
A は、発信力のある A が発信するとあっという間に多くの人に拡散される様
子を表している。そして、一部の人がその内容をリツイートしている。B は、
数名の小さい集団で共有していたことを発信力のある B がリツイートすると、
あっという間に多くの人に拡散された様子を示している。C は、一人の人が発
信したことが小さい集団で共有され、また別の人の発言もあわせて共有された
り転送されたりしている様子で、多くの人へ拡散されてはいないが、多様な情
報が飛び交っている状況である。

A

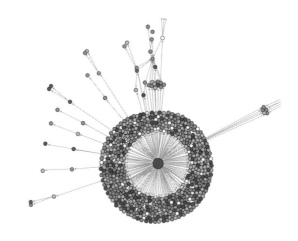

B

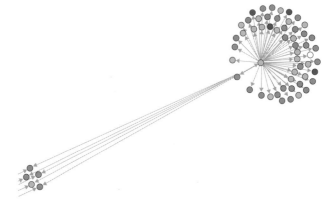

C

図1-4　拡散の様子

　嘘と真が混在しているフェイクニュース以外にも、善意で発信された100%事実の情報であっても、それが拡散されることにより、混乱を引き起こすことがある。例えば、コロナ禍の初期の頃に、善意のつもりで、「近くの薬局のトイレットペーパーがあと1つ」などと事実をSNSで発信したことが、かえって品切れを助長することになった例もある。

　またSNS上では、多数意見に見えても、偏った情報の場合もある。例えば、「野球部の試合で負けたのは部長のA君が○○の指示をしたせいだ」という意見を書いたメンバーがいて、同調する書き込みが多数あったとする。負けたことを悔しいと思っているチームメンバーが、皆その意見に同調した場合でも、はたしてA君の指示は本当に不適切だったのだろうか？　チームメンバーの中ではA君は悪者扱いになったとしても、客観的にその状況を見ると、A君は安全で妥当な指示をしていたかもしれない。しかし、指示の妥当性とは関係なく、A君と周囲の生徒の間には分断が起きる。

　類似した仲間が集まるSNS内ではエコーチェンバー[18]が起きやすい環境なのである。エコーチェンバーとは、こだまが反響する空間のことを指す。SNSでは似たような人が集まっていることが多いため、客観的でないコメントであっても、フォロワーたちが皆共感し、あたかもそれが正しいことであるかのような錯覚が生じるのである。

　SNSは嘘と真が混在した情報が拡散され、自分とつながったメンバーに賛同を得ても、それは歪んだ情報、不適切な判断かもしれないという、やっかいなものだが、利用することによって得られるメリットもたくさんある。SNSの適切なつきあい方は一朝一夕で身につくものではないので、使いながら情報リテラシーを身につけていく必要がある。

2.　ワクチンはコロナ禍に終止符を打つことができるのか？

（1）　抗体の持続性の問題

　筆者は乳幼児の頃、薬アレルギーのため各種予防接種が受けられず、百日咳に罹患したことがある。9割以上が百日咳のワクチンを接種済みであり集団免

疫が達成されていると考えられているが、筆者は罹患した。周囲に罹患者は、誰もいなかった。集団免疫が達成されれば免疫を持たない人も罹患しないと時に報道されるが、疑問に思うことがある。

「まえがき」のところで、ワクチン接種を望む人がいる一方で、コロナウイルスの完治者（抗体保持者）が人に感染させる可能性があると考えている人がいることを指摘した。持続感染者をのぞき、タイプＡのウイルスが完治したならば、確実にタイプＡのウイルスに対する抗体はできているので、一定期間は、タイプＡのウイルスをまき散らすことはない。ただし、ワクチン接種による抗体は持続期間が短く、メディアで報道されているように接種者のブレークスルー感染が起きている。

しかし、2021 年 6 月現在、コロナウイルスにいくつの変異株があるのか不確定である。これまでメディアでは、懸念される変異株（VOCs：Variant of Concern）に分類されている α 株、β 株、γ 株、δ 株、これ以外にも λ 株や μ 株など、12 種類ほどの変異ウイルスが報道されているのみである。ワクチンは、これまでのタイプの変異株には有効性があるとファイザー社等が述べているが、この先起こる変異株については不明である。

インフルエンザを例にとれば、A 型、B 型、C 型、D 型の 4 種類のうち、人に流行を起こす可能性のあるのは A 型、B 型といわれているが、A 型には A/H1N1 型、A/H3N2 型がある。その年の流行に合わせてワクチンが製造され接種されるわけだが、A/H1N1 型の抗体を獲得していても、他の型に対して予防効果は期待できない。

抗体の持続性について、インフルエンザの抗体は、毎年接種が必要と言われるように、1 年以上抗体が持続することはない。新型コロナウイルスに関してはブレークスルー感染が報じられることが多く、不確定要素が多い。

新型コロナウイルスのワクチンはどの程度持続するのだろうか。ロンドン大学インペリアルカレッジのヘレン・ウォード（Helen Ward）らの調査 [19] によれば、2020 年 6 ～ 9 月の 3 カ月間に 36 万 5 千人を対象に 3 回の横断的調査を行ったところ、抗体保有者は 6% から 4.4%にと 26.7%減少したとのことである。つまり、3 カ月で 3 割弱は抗体が失われてしまうこと、すなわち集団免疫は低

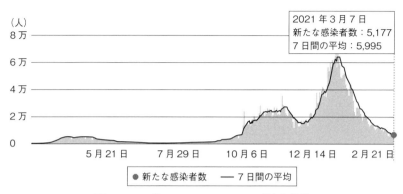

図 1-5　イギリスの 1 日あたりの感染者推移
（データ提供元：JHU CSSE COVID-19 Data）[21]

下し、再感染のリスクが高まることを示している。コロナウイルスに感染し、その後完治して抗体ができても、3 人に 1 人は 3 カ月後にはその抗体は失われてしまうため、再感染することになる。「再陽性」[20] という指摘もあるが、それは「再感染」である可能性もある。3 カ月ごとに全国民がワクチン接種を行うことは不可能であり、この調査通りであれば、現在のワクチンはどれほどの効果が期待できるだろうか。集団免疫が備わるにはまだしばらくかかるだろう。

　このような調査結果とは関係なく、2020 年 12 月からイギリスでは順次ワクチン接種が開始された。図 1-5 はイギリスの 1 日あたりの感染者の推移である。季節性変動による側面もあるだろうが、ワクチンによる集団免疫効果がすぐに表れたかのように、ワクチン開始 1 カ月の 2021 年 1 月 10 日をピークに、新規感染者数は減少し続けている。2021 年 6 月に感染者の再増加が報じられたが、死者の急増には至っていない。

（2）　コロナ禍のもとでの人々の行動

　感染者の推移に影響を与えるのは、ワクチンだけではなく人々の行動が重要である。イギリスでは、2020 年 3 月 23 日にロックダウン（都市封鎖）が開始され、教育機関は 2021 年 2 月末までの 1 年間のうち 2 週間程度は「一部封鎖」、2 カ月程度は「閉鎖を推奨」、そのほかは「全面的閉鎖」の措置が執られ

た。対面重視の日本の教育機関とは大きく異なる。

　職場に関しては、2020年3月、11月、2021年1月の3度のロックダウン期間に関しては、「エッセンシャルワーカー以外全面的に閉鎖」の措置が執られた。

　この期間の人の行動はどうだったのか。図1-6はAppleデータによるイギリスの人の移動傾向である。これを見るとロックダウンの効果が端的に表れており、2020年3月23日を境に徒歩・車・交通機関とも激減している。その後夏にかけて回復したものの、交通機関での移動は基準値に戻ることはなかった。11月のロックダウン、1月のロックダウンでいったん移動は減少するものの、回復しつつある。

　では、わが国はどうだったのか。図1-7は日本の1日あたりの感染者の推移である。2021年1月9日の新規感染者7,790人をピークに減少してきている。イギリスのグラフ（図1-5）との違いは夏の時期にも山がある点である。その原因は何か。

　図1-8はAppleデータによる日本の人の移動傾向である。図1-9は東京の

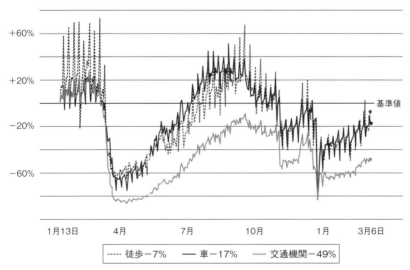

図1-6　Appleデータによるイギリスの人の移動傾向

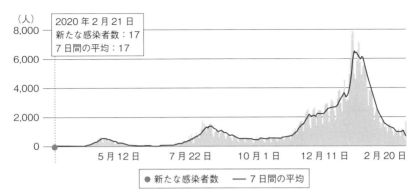

図 1-7　日本の 1 日あたりの感染者の推移
（データ提供元：JHU CSSE COVID-19 Data）

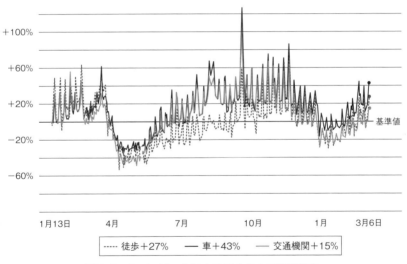

図 1-8　Apple データによる日本の人の移動傾向

Apple データによる人の移動傾向である。全国の動向と東京の動向は大差がない。イギリスの傾向（図 1-6）との違いは、車や交通機関での移動が 7 月以降基準値を上回っている点である。おそらく GO TO トラベルの施策により、公共交通機関を利用して移動した人が多数いたのだろう。これが、夏の時期にも山ができた要因の一つだろう。

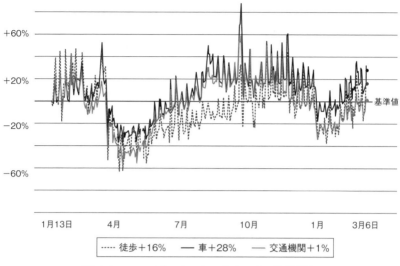

図1-9　Apple データによる東京の人の移動傾向

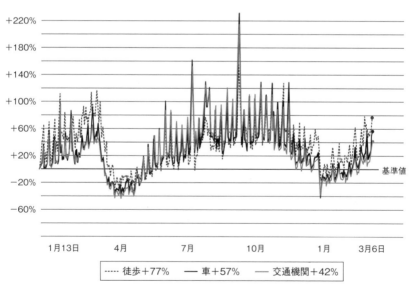

図1-10　Apple データによる山形の人の移動傾向

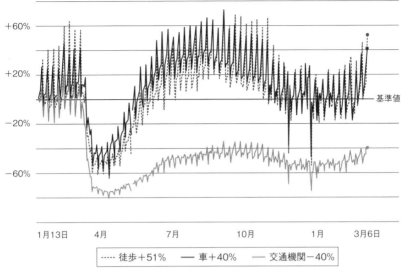

図 1-11　Apple データによる米国の人の移動傾向

　また、2021 年 1 月 13 日に緊急事態宣言が発令されても、全国の傾向、東京の傾向共に、大幅な移動の減少は見られなかった。

　図 1-10 は Apple データによる山形の人の移動傾向である。全国や東京の傾向では徒歩による移動者は 7 月以降も基準値以下か基準値程度に留まっていたが、山形に関しては、徒歩・車・交通機関ともに基準値を上回り、移動が活発であったことがうかがえる。ただし、この Apple データは、スマートフォンの居住地がどこであるかなどのデータとは紐付けられていないため、GO TO トラベルの施策により、公共交通機関を利用して他地域から観光に訪れていたために増加していた可能性もある。

　図 1-11 は Apple データによる米国の人の移動傾向である。イギリスや日本と異なり、4 月のロックダウン後、ロックダウンが解除されても交通機関は基準値からほど遠く、大半の人は徒歩か車で移動していることがわかる。

（3） ワクチンの開発とその効果

ワクチン接種に関して、日本も急速に進められているが、若干の移動制限で感染者数が減少と増加を繰り返している。季節性変動によるところが大きいだろう。

米国では2021年3月7日現在、ワクチンを1回以上接種した人は5,887万3,710人（人口比17.94%）であり、必要回数のワクチン接種完了者は3,068万6,881人（人口比9.35%）である。移動の減少かワクチンによる集団免疫によるものか、今のところまだわからないが、1月初旬をピークに感染者数は減少してきている。米国・英国・日本ともに北半球の国であるため、1月頃に感染のピークを迎え、季節性変動により感染者減少が起きている可能性も高く、現時点では効果の是非を決定づけるデータはない。

一方、南半球の国の一つブラジルでも2021年1月よりワクチン接種が開始された。ブラジルでは2021年3月7日現在、ワクチンを1回以上接種した人は814万2,004人（人口比3.86%）であり、必要回数のワクチン接種完了者は269万8,684（人口比1.27%）である。図1-12はブラジルの1日あたりの感染者の推移である。冬の8月に山が見られ、夏の12月、1月、2月にも感染者の減少はまったく見られない。ブラジルはボルソナーロ大統領が「ただの風邪」とコロナウイルスを軽視する発言をしたことで知られており、夏場にも感染が拡大している。しかし、図1-13に示すAppleデータによるブラジルの人の移動傾向を見ると、2020年3月にロックダウンがなされたときに減少して以降、交通機関での移動は控え続けられており、徒歩や車による移動のみ回復傾向にある。この移動傾向を見ると、ブラジルの国民の多くも自粛生活を続けていたことがうかがえる。それでも夏の時期に、ワクチン接種の開始から2カ月経っても感染は拡大し続けている。

ワクチンはコロナ禍に終止符を打つことができるのか？ ── この問いに対する現時点での回答は、残念ながらNOであろう。本項冒頭に示したヘレン・ウォードらによる調査結果によるところが大きい。すなわち、コロナウイルスの抗体は持続期間が短く、今後も変異を繰り返し、ワクチンさえ入手できればコロナ禍が収まると考えるのは甘いだろうと推察する。だが、抗ウイルス薬の

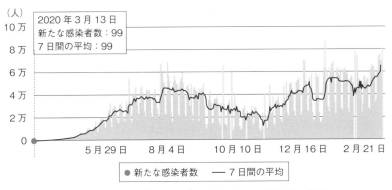

図 1-12　ブラジルの 1 日あたりの感染者の推移
（データ提供元：JHU CSSE COVID-19 Data）

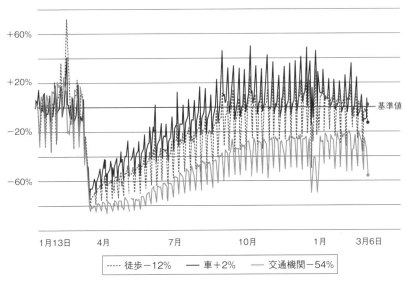

図 1-13　Apple データによるブラジルの人の移動傾向

開発には期待したい。現在、メディア等でもよく登場するファビピラビル（ア
ビガン）やレムデシビル（ベクルリー）以外にも、日本では認可されていな
いが米国でトランプ大統領が使用したことで知られている REGN-COV2（リ
ジェネロン）などの抗ウイルス薬の開発が進むことにより、いずれ終止符は打

たれることになるだろう。

3. コロナ禍のもとでの教育現場はどうだったのか？

（1） コロナ禍のもとでの学校の休講状況と遠隔授業に関する国際比較

　2020年初頭よりコロナウイルス感染症により、我々の生活・経済・教育等が影響を受けている。教育の側面でも、休講など種々の対策がとられ、ハッ

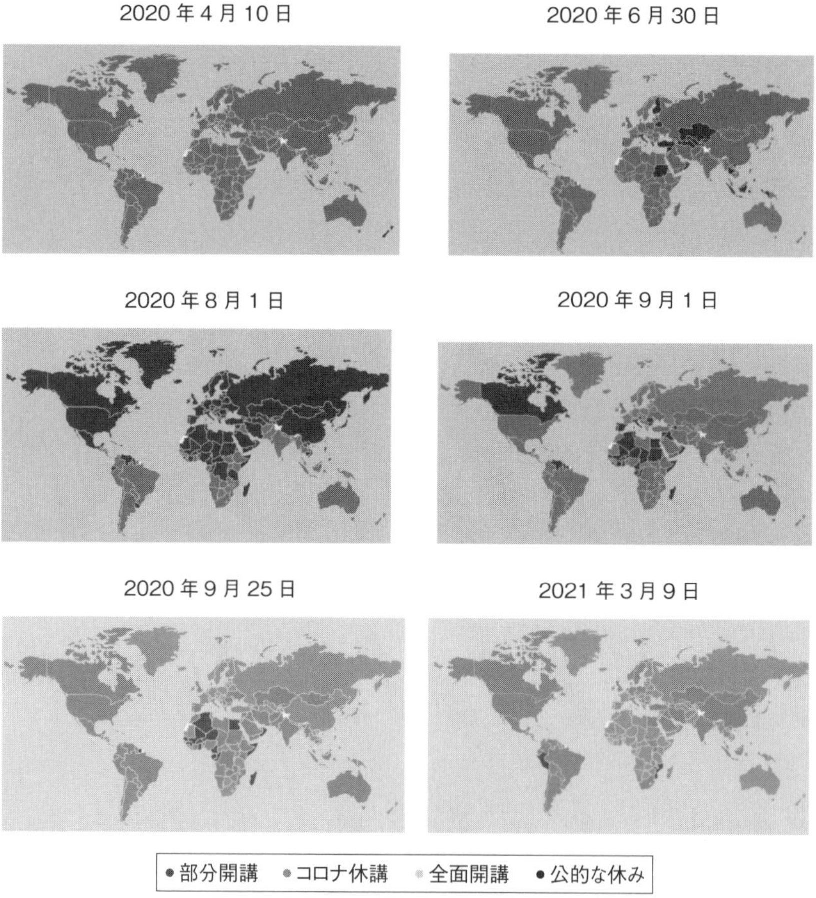

2020年4月10日　　　　　　　　　2020年6月30日

2020年8月1日　　　　　　　　　2020年9月1日

2020年9月25日　　　　　　　　　2021年3月9日

●部分開講　●コロナ休講　●全面開講　●公的な休み

図 1-14　世界の休校状況 [22]

シュタグ「＃学びを止めない未来の教室」による呼びかけが行われた。小中学校の99%、高等学校の100%が臨時休講を行った。臨時休講中に行われた学習内容は、プリントの配布等が中心で、同時双方向型遠隔授業が行われたのは、小学校8%、中学校10%、高等学校47%であった[23]。

そこで、休講中の遠隔授業の実施状況と休講措置の状況を比較した。対象は世界122カ国（有効回答国105カ国）、ユネスコとユニセフと世界銀行グループが共同して実施した調査 "Survey on National Education Responses to COVID-19 School Closures" のオープンデータを用いて検討した。

図1-14はUNESCOによる世界の休講の状況である。この変化を見ると、4月の時点では、世界中で大半が休講となっており、8月には南半球の一部では休講となっているほか、北半球の多くは夏期休業中である。そして9月には夏期休業後に再開した地域もあるが、アメリカ大陸やアフリカ大陸では休講措置がとられたままの地域もある。

「休講中に遠隔授業を実施しているか」という質問項目と「9月現在、学校は開校しているか、休講状態であるか」に関して χ^2 検定を行った。該

表1-1　休講中に遠隔授業を実施しているか（該当国数と期待値）

		はい	いいえ	合計
幼稚園	全面開講	15	26	41
	（期待値）	20.3	20.7	
	部分開講	11	8	19
	（期待値）	9.4	9.6	
	コロナ休構	23	8	31
	（期待値）	15.4	15.6	
	公的な休み	3	11	14
	（期待値）	6.9	7.1	
	合計	52	53	105
		はい	いいえ	合計
小学校	全面開講	37	8	45
	（期待値）	35.7	9.3	
	部分開講	18	4	22
	（期待値）	17.4	4.6	
	コロナ休構	30	5	35
	（期待値）	27.8	7.2	
	公的な休み	7	7	14
	（期待値）	11.1	2.9	
	合計	92	24	116
		はい	いいえ	合計
中学校	全面開講	40	5	45
	（期待値）	37.2	7.8	
	部分開講	17	4	21
	（期待値）	17.3	3.7	
	コロナ休構	30	5	35
	（期待値）	28.9	6.1	
	公的な休み	8	6	14
	（期待値）	11.6	2.4	
	合計	95	20	115

当国数と期待値の結果を表1-1に示した。幼稚園（Pre-primary）に関して、部分開講あるいはコロナ休講をしている国は、休講中に遠隔授業を実施しており、全面開講あるいは公的な休み（夏休みなど）としている国は、休講中には遠隔授業を実施していない傾向が見られた（$\chi^2(3)=15.246, p<.01$）。小学校・中学校に関しては、8割の国で遠隔授業を実施しており、休講中に遠隔授業を実施していない国は、日本および南米・アフリカの一部の国にとどまった。なお、小学校および中学校については期待値が5以下のセルがあるためコクランルールによりχ^2検定を実施できなかった。

　長期化するコロナ禍において、幼稚園での傾向に見られたように、小中高においても遠隔授業の環境が整っていれば、コロナ休講や部分開講にしていても学びの継続が可能である。環境を整えることが急務であろう。

　一方で高等教育だけは、わが国でも4月から速やかに遠隔授業が開始された。

（2）遠隔授業を受ける学生の環境は整っていたのか [24)]

　コロナ禍において、多くの大学で遠隔授業が余儀なくされ、急速に普及した。文部科学省による調査によれば、2020年6月1日時点において、1,066校（99.7%）の大学が授業を実施していた。その実施方法は、国立大学の場合、面接授業（対面授業）のみの形態をとっている大学は0校であった。公立、私立、高専も含めた全体では、面接・遠隔併用が322校（30.2%）、遠隔授業のみが641校（60.1%）であった。面接授業のみは103校（9.7%）にすぎず、9割の高等教育機関において、遠隔授業が実施されるに至った。

　また、遠隔授業の方法は主に以下の3つに分類できる。

〈分類1〉LMSにパワーポイントやPDF資料が置かれ課題を提出する方法

〈分類2〉オンデマンド方式によるビデオを見て課題を提出する方法

〈分類3〉ZoomやMeet等の双方向コミュニケーションツールを用いたリアルタイム型の授業の方法

　このような状況下において、学生の遠隔授業のための通信環境とICT機器の所有状況に関する調査を行い、今後もしばらく継続されると予測されるコロ

表 1-2　遠隔授業のための通信環境と ICT 機器の所有状況

		人数	%	期待値
無制限のルータ	あり	710	83.9	281.97
	なし	116	13.7	281.97
	近日中	20	2.4	281.97
	合計	846	100.0	
容量制限のあるルータ（ポケット Wi-Fi 含む）	あり	332	39.2	281.97
	なし	509	60.2	281.97
	近日中	5	0.6	281.97
	合計	846	100.0	
スマートフォン	あり	845	99.9	423
	なし	1	0.1	423
	合計	846	100.0	
ノートパソコン	あり	702	83.0	281.97
	なし	120	14.2	281.97
	近日中	24	2.8	281.97
	合計	846	100.0	
デスクトップパソコン	あり	225	26.6	281.97
	なし	611	72.2	281.97
	近日中	10	1.2	281.97
	合計	846	100.0	
パソコンにはマイクがついている（外付けマイクありを含む）	あり	585	69.1	281.97
	なし	235	27.8	281.97
	近日中	26	3.1	281.97
	合計	846	100.0	
パソコンにはカメラがついている（外付け Web カメラありを含む）	あり	634	74.9	281.97
	なし	186	22.0	281.97
	近日中	26	3.1	281.97
	合計	846	100.0	

ナ禍における遠隔授業の可能性について検討した。

5つの大学の学生に対し、質問紙調査を実施した。2020年4月13日〜6月8日までの期間に回答を求めた。回答数は846人であった。主に授業開始時点に回答を求めたが、大学によって授業開始時期が異なるほか、自宅での回答であるため、回答期間が長くなった。

遠隔授業のための通信環境とICT機器（無制限のルータ、容量制限のあるルータ（ポケットWi-Fi含む）、スマートフォン、ノートパソコン、デスクトップパソコン、パソコンにはマイクがついている（外付けマイクありを含む）、パソコンにはカメラがついている（外付けWebカメラありを含む））の所有状況について有無、近日中にそろえる予定かを尋ね、集計した結果についてχ^2検定を行った。その結果から、人数・割合・期待値について表1-2に示した。

表1-2を見ると、スマートフォンの所有状況については、1人をのぞき全員が所有しているため、データ量を問わなければ、ほぼ全学生が最低限の遠隔授業受講環境が整っているといえる。無制限のルータについては、83.9%が所有しており、有意に所有率が高かった（$\chi^2(2)=990.822$, p<.01）。容量制限のあるルータ（ポケットWi-Fi含む）の所有状況については、60.2%が所有しておらず、有意に所有率が低かった（$\chi^2(2)=463.727$, p<.01）。

無制限のルータと容量制限のあるルータの両方所有している学生、片方所有している学生、どちらも所有していない学生に分類したグラフを図1-15に示した。無制限のルータを所有していない学生が容量制限のあるルータを所有しており、［無制限のルータ］［容量制限のあるルータ（ポケットWi-Fi含む）］を合わせると、およそ98%が何らかの通信環境を所有していた。ルータを所有していない2%の学生もスマートフォンを所有している学生はテザリングを利用すれば、パソコンをインター

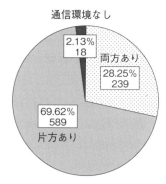

図1-15　ルータの所有状況
（グラフ内の上段は割合、下段は人数を示す）

ネットに接続することもできる。28%の学生は無制限のルータを所有している上に、ポケット Wi-Fi 等の制限のあるルータも所有しており、デジタルネイティブ世代の学生は、何らかの通信環境を所有しており、遠隔授業のための通信環境はおよそ整っていることがわかった。

　ノートパソコンの所有状況については、83%が所有しており、有意に所有率が高かった（$\chi^2(2)$＝954.734, p<.01）。

　デスクトップパソコンの所有状況については、72.2%が所有しておらず、有意に所有率は低かった（$\chi^2(2)$＝657.775, p<.01）。

　ノートパソコンとデスクトップパソコンの両方を所有している学生、片方を所有している学生、どちらも所有していない学生に分類したグラフを図 1-16 に示した。両方持っている学生が約 2 割（162 人）おり、どちらか一方を所有している学生は 95%程度いた。一方で、ノート・デスクトップいずれも所有していない学生が 5.56%（47 名）おり、すべての学生がパソコンを所有しているわけではなかった。しかし 95%の学生はどちらかを所有

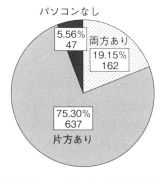

図 1-16　パソコンの所有状況

しており、遠隔授業における端末環境もある程度整っていることがわかった。

　また、遠隔授業の方法の 3 分類のうち、〈分類 3〉の双方向コミュニケーションツールを用いた授業では、グループディスカッションを行ったり、質疑応答を行ったりすることが多い。チャット機能もあるため、テキストで質問することも可能であるが、リアルタイムに進行していく中で、テキストによる発言では、タイミングを逸してしまうこともあろう。リアルタイム型の遠隔授業では、マイクは必需品ともいえる。マイクの所有率は有意に高かった（$\chi^2(2)$＝565.851, p<.01）ものの、所有は 69.1%にとどまった。つまり、グループディスカッションをした場合、他のメンバーが会話を進める中、反論や異論があっても、即時に言葉を発せないもどかしさを感じることになる可能性のある学生も 3 割程度いる状態であった。

　さらに、カメラの所有については、74.9%が所有しており、有意に所有率が高かった（$\chi^2(2)=704.524$, p<.01）。

　以上、学生の遠隔授業のための通信環境とICT機器の所有状況に関して調査を行った結果、通信環境については、8割以上の学生が無制限のルータを所有しており、制限付きのルータ所有者を合わせると98%がルータを所有していた。究極のところ、スマートフォンさえあればインターネットへの接続は可能である。スマートフォンについて1人をのぞき全員が所有していたことから、学生の通信環境はほぼ整っていると判断できた。

　遠隔授業における端末環境については、デスクトップパソコンとノートパソコンの双方を所有している学生が2割ほどおり、どちらか一方を所有している学生は95%程度いた。いずれも所有していない学生も5.56%程度いた。

　表計算ソフトでグラフを作成したり、文書作成ソフトで文書を作成し、レポートを提出するためには、パソコンが必要不可欠である。そのため、調査校の一つである山形大学では、通信環境や端末環境が十分でない学生向けに、授業時間にコンピュータルームを開放し、パソコンで遠隔授業を受けられるよう配慮した。

　山形大学では、前期授業を遠隔授業で実施することは、2020年4月上旬に決定され、4月20日に第1回のオンライン課題を提示した。同年5月7日（木）からZoomによる双方向授業を開始しようとしたが、ログインできないなどのトラブルが多く、実際には5月13日（水）から開始した。

　遠隔授業の方法の3分類でいえば、4月20日（月）から、〈分類1〉の方法による遠隔授業を開始し、5月の第2週から〈分類3〉の双方向授業を開始した。その後、双方向授業にうまく入れなかったり、通信が途切れる学生のいることがわかった。そのため〈分類2〉の方法、つまり、授業全体を録画したオンデマンドビデオを受講生用に公開するほか、ピボットテーブルの作成や統計分析の操作方法等、繰り返し閲覧する可能性が高い内容は、短いクリップビデオにして、YouTube上に置き、繰り返し見られるようにした。

　しかし、授業用に開放したコンピュータルームの使用が0人であると事務方から連絡があり、山形大学の筆者の授業の受講生で、アンケートに回答した学

生に、教室の開放を続ける必要があるかどうか、Zoomの投票機能を用いて希望を聞いたところ、1人の希望があった。彼らは、パソコンを所有し、何らかの通信環境を所有してはいるが、一般に、パソコンにはトラブルがつきものであるし、制限付きのルータしか持っていない学生は、制限に達したら大学のコンピュータルームを使用するかもしれない。そのためコンピュータルームの開放は続けることにしたが、結局、使用者は0人であると事務方から再び報告を受けた。

　カメラやマイクは必須のアイテムではないが、コロナ禍における自粛中に、唯一教員や一緒に授業を受ける仲間と顔を合わせ、会話をするためには必要なツールである。マイク、カメラとも所有者の割合は7割程度にとどまったが、特定のアプリを入れれば、スマートフォンをカメラやマイク代わりに使用することもできるほか、安い商品であれば、1,000円以下で調達可能である。コロナ禍がしばらく続き、遠隔授業だけでなく、テレワーク、オンライン就職面接が進む中、カメラやマイクが必要な場面も出てくるだろう。元来、学生は通常の授業であれば、他の受講生と顔を合わせて会話をしたりして授業を受ける。面接（対面）授業に近づけるためには、カメラやマイクも備えた方がよいICT機器といえるだろう。

　急なコロナ禍において、筆者が試行錯誤で実施している遠隔授業（LMSを通した課題説明や課題提出、オンデマンドビデオ解説、双方向コミュニケーションによる対話型授業を組み合わせた方式）以外に、どんな授業が多いのか学生に尋ねたところ、パワーポイントやテキスト資料の配付と課題提出の形式が一番多いように見受けられた。そこで、どんな授業形態が好きなのか口頭で聞いたところ、Zoomでのグループディスカッションが一番好きだと回答する学生が何人かいた。その理由は、コロナ禍で、実家に帰省してしまった学生もおり、なかなか会えない友だちと会話ができるのが一番楽しいとのことであった。

　過去の大きな感染症の状況を鑑みると、14世紀に始まったペスト菌（Yersinia pestis）による感染症の場合、歴史上何度も大規模な流行の波が人類を襲い、100年以上その影響が続き、近代から現代へ大きく移り変わるなど、社会の有りようそのものの大変革をもたらした。

　第一次世界大戦中の 1918 年に始まったスペインインフルエンザのパンデミック（スペイン風邪）は、はたしてどの時点を収束とみるべきなのか。100年経った現在も、冬場になるとインフルエンザの脅威はやってくる。毎年予防接種を受けている人もいる。インフルエンザについては集団免疫が備わったといえるのか。新型コロナ感染症との共存も今後長期にわたるだろう。そのような状況下で、遠隔授業形式の教育は、新しい様式の一つになっていく可能性が高い。リモートワーク・遠隔授業に親和性の高いコロナ世代が誕生しつつある。

（3）　コロナ禍で全面遠隔授業となっていた時期の学生の状況

　2020 年前期には、9 割の高等教育機関において、遠隔授業が実施されていた。このような状況になることは、2019 年の頃には誰も予測をしていなかった。前節で遠隔授業を受講する環境はある程度整っていたことを示したが、孤独感にさいなまれたり、さまざまな弊害も起きていた。全面オンライン下の学生はどのような状況だったのか、質問紙調査を実施した。回答期間 は 7 月 16日から 29 日までで、172 人が回答した。

　表 1-3 はコロナ禍前と後の 1 日あたりのインターネット使用時間である。コロナ禍前には 4 時間以下の時間帯が最多であったが、遠隔授業を受けている時期には 10 時間以上が最多となっている。コロナ禍においてインターネットが欠かせない状況であったかを示す結果といえるだろう。

　表 1-4 は、大学生のコロナに対する不安感の得点結果である。若者はコロナに対しあまり不安を抱いていないように思っていたが、これを見ると、不安に感じている者が多いことがわかった。Zoom 授業の後に話を聞くと、1 年生の中には、初めて親元を離れ下宿したが、友だちができず、コロナも怖く、コンビニに行くほかは一歩も外に出ていないと言う学生もいた。

　図 1-17 は、コロナ禍で生活リズムの乱れを感じたかを尋ねた結果である。これを見ると、コロナ禍で生活の乱れを感じた人が多かったことがわかる。図 1-18 は、コロナ禍前とコロナ禍中での運動量の変化である。これを見ると、運動量が減ったことがわかる。これらのことから、自粛生活の中、なかなか運動する機会もなく、パソコンの前でインターネットを利用していた学生生

表 1-3　コロナ禍前と後のインターネット使用時間

コロナ禍前

ネット使用時間	頻度
0 時間以下	5
2 時間以下	38
4 時間以下	56
6 時間以下	43
8 時間以下	15
10 時間以下	13
10 時間より多い	2

コロナ禍

ネット使用時間	頻度
0 時間以下	3
2 時間以下	8
4 時間以下	21
6 時間以下	26
8 時間以下	35
10 時間以下	33
10 時間より多い	46

表 1-4　コロナに対する不安感

点数（点）	人数（人）
14 以上 29 未満	17
29 以上 44 未満	19
44 以上 59 未満	45
59 以上 74 未満	58
74 以上 89 未満	33

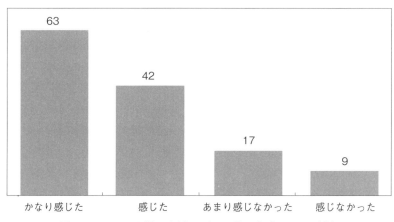

図 1-17　コロナ禍で生活リズムの乱れを感じたか（人）

活であったことがうかがえる。これが健全かと問われると否定せざるを得ない
が、わからないことの多いウイルスの脅威が突然訪れ、リスクを最小限にとど
めるために選択した行動様式としては、最善だったのではないか。
　筆者が実施したアンケート以外でも、山形大学の同僚がとったアンケートに
よれば、人文学部 2 年次対象の専門科目で、回答者 61 人、対面希望 8 人、遠
隔（リアルタイム配信）希望 20 人、遠隔（オンデマンド配信）希望 33 人と
のことであった。だが、2021 年後期の途中からは完全な対面授業となった。

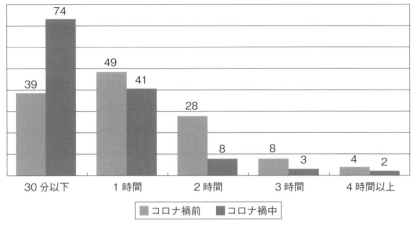

図 1-18　コロナ禍前とコロナ禍中での運動量の変化（人）

　若者は遠隔に親和性が高いけれど、教員の中には対面にこだわる人が一定数いるようだ。

　次項では、教員サイドの視点から遠隔授業について眺めてみることとする。

（4）　コロナ禍のもとでの教育と教員の意識に関する実態調査[25)]

1）　遠隔授業を実現するための課題

　2019 年 12 月に文部科学省から発表されたプロジェクトに、GIGA（Global and Innovation Gateway for All）スクール構想がある。この構想は、義務教育段階の児童生徒に 1 人 1 台のパソコンが利用できる環境を整えること、全国の学校に高速大容量の通信ネットワークを整備することを目的としている。これが開始されようとするさなかのコロナ禍の到来である。コロナ禍が GIGA スクール構想を後押しするかのように「新型コロナウイルス感染症緊急経済対策（令和 2 年 4 月 7 日閣議決定）」において、「令和 5 年度までの児童生徒 1 人 1 台端末の整備スケジュールの加速、学校現場への ICT 技術者の配置の支援、在宅・オンライン学習に必要な通信環境の整備を図るとともに、在宅でのパソコン等を用いた問題演習による学習・評価が可能なプラットフォームの実現を目指す」とされた[26)]。これを見て、なるほど、必要な措置が迅速に遂行

され、望ましい傾向だと考えた。

　一方、GIGA スクール構想を実現する上での教員側の課題も各所で指摘された。たとえば、ダイワボウ情報システム株式会社が運営する「教育 ICT 総合サイト」[27] では、IT 機器に苦手意識を持っている教員が多いため、基本的な ICT 機器の操作方法のレクチャーが必要だという趣旨のことが述べられている。このサイトに限ったことではなく、小・中・高の教員の方々に ICT 活用がなぜ学校に浸透しないのかを訊ねると、電子黒板などが導入されても 埃 をかぶったままになり、使いこなせない要因として、必ず教職員のスキル不足が指摘され、筆者自身も、ICT 活用を普及させるための課題の一つと認識していた。

　すなわち、遠隔授業を実現するための課題として、①学習者のパソコンの整備、②学校の高速通信環境、③教員の ICT スキルの課題が挙げられる。

　実際、上記①②③の３課題が足かせとなり、多くの小中学校では「子どもの学びを止めない！」というスローガンだけで、昨年度の３学期の後半から５月にかけて、プリントなどが配布されただけにとどまり、学びの停止に近い状態が続いていた。その後、１人１台 PC も実現したが、自宅に PC を持ち帰らせている学校はほとんどなく、教室内でも十分活用している学校は、ごく一部に限られている。

2）　大学では遠隔授業が実現

　2020 年春、多くの大学では小中高に先駆けて遠隔授業が始まった。半年前まで、このような事態になることは誰も予測していなかった。開始当初、大学教員の ICT スキルの懸念よりも、学生側の受講環境が懸念された。（2）で示したとおり、学生の 98％は通信環境が整っており、パソコンは 95％が所有していた。この結果から、小中学生と異なり大学生に限っては、遠隔授業を実現するための課題である①パソコンの整備、②学校の高速通信環境ともに整っていることがわかった。

　あとは③番の教員の ICT スキルの課題である。教員の ICT スキルについても、大学ごとの研修や自主的研修で自助努力が続けられたようである。

Facebook の「新型コロナ休講で、大学教員は何をすべきかについて知恵と情報を共有するグループ」では2万人を集め、遠隔授業のツールや授業方法について、さまざまな議論がなされた。オンデマンドビデオを作成するコツや、Zoom のブレイクアウトルームでのディスカッション方法など、このサイトでヒントを得て、自らの授業に反映させた教員も多くいたことであろう。上記 Facebook グループの中の投稿を見ていると、遠隔授業を楽しんでいるかのような教員がいる一方で、オンデマンドビデオ作成に毎日 10 時間以上を費やし、さらに Zoom 授業などを行うと、連日 3 時間しか睡眠時間が確保できないなどの悲痛な声も上がっていた。

　筆者は面接授業の時からシラバスに掲載し使用を予定していたテキストと、Zoom を利用したリアルタイム型の遠隔授業を中心に実施した。通信環境等のトラブルで、一時的に参加できない学生もいることを考慮し、授業はすべて録画し、終了後に翌週のビデオを UP するまでの約 1 週間自由に見られるようにした。毎時間の録画ビデオの他に、成績評価の方法を含めたオリエンテーションの内容や、アドインの設定方法など、個人のペースで再生を止めながら繰り返し閲覧するニーズがあると思われる内容を収録したオンデマンドビデオも 13 本作成した。これらのビデオ作成に加え、1 授業 100 人ほどいる学生の提出物のチェックも労を要した。

　大変だったが、なんとか半期の遠隔授業を乗り越えたかなと思った矢先に、萩生田光一文部科学大臣が「小中学校でも感染対策の工夫をしながら通学させているので、大学だけが完全にキャンパスを閉じるというのはいかがなものかと思う（2020 年 8 月 4 日、NHK オンライン）」と苦言を呈したことを知った。

　小中学校と大学では、クラスサイズ・教室環境・通学範囲が異なる。3 月に大学クラスターが派生した京都産業大学では、バイト先で差別を受けたとのニュースが報道された[28]。日本体育大学のレスリング部でクラスター発生[29]、天理大学ラグビー部でクラスター 20 名発生[30] など、大学クラスターのニュースは枚挙にいとまがない。差別でバイトができないだけでも大きな弊害であるのに、就職を控える学生も多数いる。就職は一生を左右するものであり、小中学生の出口とは大きく異なる。大学クラスターを引き起こすことは、学生の就

職への影響も懸念されるであろう。遠隔授業か面接授業か等の議論に伴う問題についてさまざまな見解はあるが、数値として動向を把握する必要があると考え、意識調査を実施した。

オンライン質問フォームを作成し、Facebook の「新型コロナ休講で、大学教員は何をすべきかについて知恵と情報を共有するグループ」や複数のメーリングリストに案内を配信し回答を求めた。北海道から九州まで 29 の都道府県 81 人の方々から回答があった。回答期間は、2020 年 8 月 10 日〜9 月 29 日であった。

3）遠隔授業のパソコン操作に対する苦痛傾向

遠隔授業のパソコン操作が苦痛傾向にあるか否かについて世代別に集計した結果を表 1-5 に示した。6 件法で回答を求めたため、1、2、3 を選んだ者を「苦痛傾向なし」、4、5、6 を選んだ者を「苦痛傾向あり」と分類している。表 1-5 を見ると、いずれの世代も 7 割以上に苦痛傾向が見られなかった。苦痛傾向があった教員について、30 代では 1 割にとどまったが、40 代では 3 割に見られた。しかし、世代差について χ^2 検定を行ったところ、有意な差は得られなかった（N.S.）。

遠隔授業のパソコン操作が苦痛傾向にあるか否かについて性別に集計した結果を表 1-6 に示した。苦痛傾向と性差についても χ^2 検定を行ったが、有意な差は得られなかった（N.S.）。

表 1-5　世代差による遠隔授業のパソコン操作に対する苦痛傾向

		30 代	40 代	50 代	60 代	合計
苦痛傾向なし	人数	15	15	27	9	66
	期待値	13	17.1	26.9	9	66
	％	93.8%	71.4%	81.8%	81.8%	81.5%
苦痛傾向あり	人数	1	6	6	2	15
	期待値	3	3.9	6.1	2	15
	％	6.3%	28.6%	18.2%	18.2%	18.5%
合計	人数	16	21	33	11	81

表1-6　性差による遠隔授業のパソコン操作に対する苦痛傾向

		女性	男性	合計
苦痛傾向 なし	人数	23	42	65
	期待値	22.8	42.3	65
	％	82.1%	80.8%	81.3%
苦痛傾向 あり	人数	5	10	15
	期待値	5.3	9.8	15
	％	17.9%	19.2%	18.8%
合計	人数	28	52	80

　全体として8割の教員は、遠隔授業を行う上でのパソコン操作について苦痛傾向が見られなかったことから、教員側の遠隔授業に必要なパソコン操作については、ほぼ整っていると捉えてよい。ただ、一部の教員は苦痛傾向が見られたため、相談ができる機会を設けるなどのサポート体制も必要だろう。

4）　コロナ禍中とコロナ禍以前に費やした時間の違い
〈増加傾向が見られた項目〉
　まず、コロナ禍中とコロナ禍以前を比較して、費やした時間が増加傾向にある項目を見ていく。
①　授業準備
　大学教育は義務教育と異なり、最新の学問を反映して授業を実施しているため、毎年新しい内容に更新して授業を実施している場合が多い。そのため、10年、20年と実施している授業であっても、毎年内容を更新しているため、授業準備の時間を要する。しかしながら、コロナ禍中では、これまでの授業準備に加えオンデマンドビデオを作成したり、授業を録画したビデオを編集し閲覧できるようにしたりするなど、遠隔授業のための付加的な業務が増えたことが予測される。そこで、2019年度と2020年度の授業準備に費やした時間（1週間あたりの1日の平均時間）を比較した（図1-19）。両者の差についてt検定を行ったところ、平均の差は有意であった（$t(80)=7.493$, $p<.001$）。1週間あたりの1日の平均時間であるため、7倍した時間が1週間の時間となる。すな

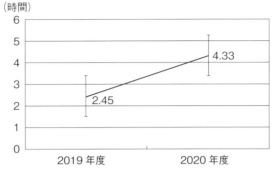

図 1-19　2019 年度と 2020 年度の授業準備に費やした時間の比較
（数値は 1 週間あたりの 1 日の平均時間）

わち、昨年に比べて今年は 1 日あたりの平均時間が 2 時間ほど増えているということは、週あたり 14 時間ほど遠隔授業のための準備の時間が増えたことになる。

　②　インターネット利用

　図 1-20 は 2019 年度と 2020 年度のインターネット利用に費やした時間の比較である。両者の差について t 検定を行ったところ、平均の差は有意であった（t(80)=6.738, p＜.001）。1 週間あたりの 1 日の平均時間がコロナ禍中において 2 時間ほど増えており、授業準備に費やした時間の増加時間と一致すること

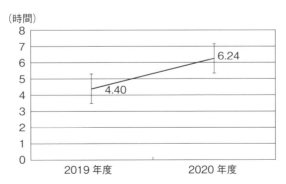

図 1-20　2019 年度と 2020 年度のインターネット利用に費やした時間の比較
（数値は 1 週間あたりの 1 日の平均時間）

から、遠隔授業の準備のためのインターネット利用時間が週あたり7時間ほど増えていたと考えられる。

〈減少傾向が見られた項目〉

次に、コロナ禍中とコロナ禍以前を比較して、費やした時間が減少傾向にある項目を見ていく。

③　睡眠

2019年度と2020年度の睡眠時間の差についてt検定を行ったところ、平均の差は有意であった（t(80)＝－3.508, p＜.001）。図1-21より平均睡眠時間が6時間台から5時間台に減少したことがわかる。大学教員は、普段から研究や授業、さまざまな事務処理などに追われる日々である。①より、週あたり14時間ほど授業準備の負担が増えた影響により、睡眠時間の減少が起きたと推察される。

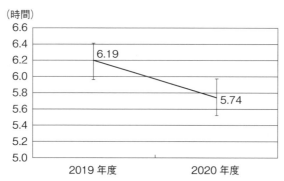

図1-21　2019年度と2020年度の睡眠時間の比較
（数値は1週間あたりの1日の平均時間）

④　研究

2019年度と2020年度の研究にかけた時間の差についてt検定を行ったところ、平均の差は有意であった（t(80)＝－6.639, p＜.001）。図1-22を見ると、1週間あたりの1日の平均時間が1時間ほど減少している。これも遠隔授業の準備に費やした時間が増加したことのしわ寄せが起きた項目の一つといえよう。研究時間の減少は、学問の停滞・衰退にもつながり、将来的な影響が懸念される。

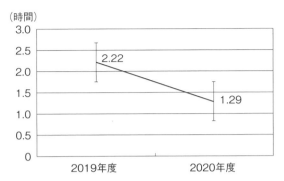

図 1-22　2019 年度と 2020 年度の研究に費やし
　　　　　た時間の比較
（数値は 1 週間あたりの 1 日の平均時間）

⑤　余暇

　2019 年度と 2020 年度の余暇にかけた時間の差について t 検定を行ったところ、平均の差は有意であった（t(80)＝−5.605, p<.001）。図 1-23 を見ると、1 週間あたりの 1 日の平均時間が 0.65 時間すなわち週 5 時間ほど減少している。もともと少なかった余暇時間がさらに削られた現状がわかる。

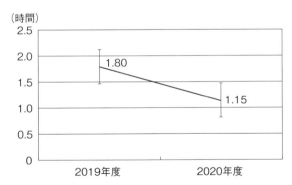

図 1-23　2019 年度と 2020 年度の余暇に費やした時
　　　　　間の比較
（数値は 1 週間あたりの 1 日の平均時間）

⑥　スポーツやウォーキング

　2019年度と2020年度のスポーツやウォーキングにかけた時間の差について
t検定を行ったところ、平均の差は有意であった（t(80)＝－3.74, p＜.001）。図1
-24を見ると、2020年度は2019年度の6割程度の時間に減少している。スポー
ツやウォーキングは、もともと費やしている時間の平均が1時間に満たない項
目であるが、健康維持には必要な日々の習慣にまで影響を及ぼしていることが
推察される。

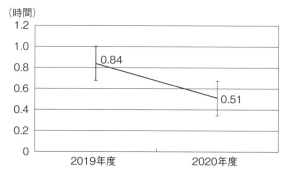

図1-24　2019年度と2020年度のスポーツやウォー
キングに費やした時間の比較
（数値は1週間あたりの1日の平均時間）

⑦　テレビ視聴

　2019年度と2020年度のテレビ視聴にかけた時間の差についてt検定を行っ
たところ、平均の差は有意であった（t(80)＝－2.53, p＜.001）。図1-25を見る
と、テレビ視聴時間が減少している。

〈変化がなかった項目〉

　コロナ禍のため小・中・高も学校が休校となったことで、仕事をしながら
の育児や朝昼晩3食の家族の食事の準備の大変さ、子どもの勉強を教えなけれ
ばいけないことの大変さなど、家庭に負担がかかっていることが、SNSやテ
レビなどでよく報道されていた。若干時間が増えているものの、2020年度と
2019年度の家事育児にかけた時間の差についてt検定を行ったところ、有意

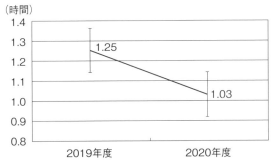

図 1-25　2019 年度と 2020 年度のテレビ視聴に
費やした時間の比較
（数値は 1 週間あたりの 1 日の平均時間）

な差は見られなかった（N.S. [2019 年度 =2.00、2020 年度 =2.12]）。遠隔授業の準備に追われ、家庭を顧みる暇もなかったのではないかと推察される。ただし、本調査の回答者数が 81 人であったことから、統計的な有意差は得られなかったが、回答者数が増えれば、結果が異なってくる可能性があるかもしれない。

5）　教員は遠隔授業の授業準備のために私生活を犠牲にした

2020 年前期の大学では、コロナの影響により、2019 年秋にはまったく予測していなかった初めての遠隔授業が行われた。「# 大学生の日常も大事だ」というハッシュタグがつけられたネット投稿では、学費の一部返還なども指摘され、あたかも遠隔授業を行う大学は楽をしているような印象を与えた。しかし本調査から浮かび上がったことは、多くの教員は、睡眠・研究・余暇・スポーツ等のあらゆる私生活を犠牲にし、遠隔授業の準備に時間を費やしたという実態である。

コロナ禍は 2020 年、2021 年にとどまらず、2022 年以降も続くかもしれない。専任教員はまだしも、この中には、非常勤講師の方々も含まれている。過重労働にならないための配慮や処遇、環境整備等々、ニューノーマルの大学マネジメントが求められるであろう。

6） 地域による意識や行動の違い

　メディアで報道される感染状況のニュースを見ると、明らかに感染者数は地域により偏りがある。東京都で100人が130人に増えようが150人に増えようが、もはや驚く人は少ないだろう。しかし、感染者が少ない地域で、1日の感染者が30人、50人増加したとなれば、地域の大ニュースになる。筆者が住む山形県では夏の間ずっと0人が続いており、秋になり4人出たとなると、地域の話題になった。そのため、新型コロナウイルスに対する不安感や、遠隔授業に伴うさまざまな意識に違いが生じるであろうことを予測していた。しかし、それは大きく裏切られる結果になった。

　［人混みに出かけること］など自分自身に関する不安感から、［大学生の就職への影響］に至るまで、12項目に関する不安感について尋ね、感染拡大地域群、それ以外を非感染拡大地域群の違いを分散分析により比較したが、統計的に有意となる差は見られなかった（N.S.）。授業準備や研究時間、育児、睡眠等々の行動時間の違いについても分散分析により比較したが、統計的に有意となる差はまったく見られなかった（N.S.）。

　唯一、インターネットの利用時間の増減（2020年度の利用時間 — 2019年度の利用時間）について、やや有意な差が見られ、感染拡大地域群より非感染拡大地域群のインターネット利用時間に1時間ほど増加傾向が見られた（$F_{(79)}=3.58$, p.<.1）。人数・平均利用時間・標準偏差を表1-7に示した。

　このインターネット利用時間は、遠隔授業や研究のための利用時間だけでなく、すべての利用時間を含んでいる。研究時間や授業準備時間に関して地域差がなかったことから、非感染拡大地域は感染拡大地域に比べ田舎が多く買い物等の利便性が良くないことから、ネットショッピングなども含めた多様な目的でインターネット利用時間が増加したのではないかと推察された。

表1-7　インターネットの利用時間の増減時間

	人数	1日平均利用時間	1週間平均利用時間	標準偏差
感染拡大地域群	31	1.19	8.33	1.80
非感染拡大地域群	50	2.24	15.68	2.73

　インターネット利用時間の増減以外の項目について、地域による差のないことが、むしろ発見とも言うべきことかもしれない。毎日3桁の感染が当たり前のようになっている感染拡大地域に勤務する人は、1カ月間も感染者0人を記録する地域では不安もなく過ごしていると考えるかもしれないが、非感染拡大地域に勤務する人も、感染拡大地域に勤務する人と同程度に、不安を抱え行動していたことが明らかになった。

7）　新型コロナウイルス等に対する不安感

　新型コロナウイルス等に対する不安感について、6件法（6（高い）〜1（低い））のリッカートスケールにより尋ね、その結果を図1-26に示した。［宅急

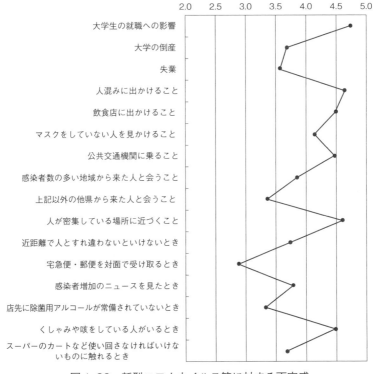

図1-26　新型コロナウイルス等に対する不安感

便・郵便を対面で受け取るとき］以外の項目については、平均値は 3 以上の値であり、中程度以上の不安感を持っていることがわかった。また、［大学生の就職への影響］［人混みに出かけること］［人が密集している場所に近づくこと］の 3 項目については平均が 4.5 以上であり、高い不安感が見られた。［飲食店に出かけること］（4.48）や［くしゃみや咳をしている人がいるとき］（4.48）や［公共交通機関に乗ること］（4.47）も 4.5 に近い平均値を示していた。これらのことから、学生の就職への懸念、人混みへの懸念が挙げられた。

8）遠隔授業に対する意識

　2020 年前期に比べ後期は、感染者が大幅に減少しているわけではなく高止まりしている状況である。2 月、3 月の頃は感染者が 100 人を超すことはなかったが、10 月 29 日の感染者数は 809 人である。しかし、これに大きな驚きを示す人はいないであろう。感染者数は増えているが、大半の大学は対面・オンラインを併用したハイブリッド方式を取り入れている。実習・実技が伴う授

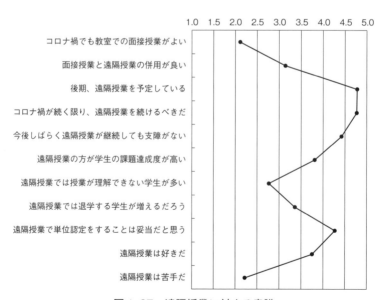

図 1-27　遠隔授業に対する意識

業は対面で行い、対面で行う必要のない教科は遠隔授業か、ハイブリッド方式のどちらかであろう。

　図1-27に遠隔授業に対する教員の意識を示した。これを見ると、［コロナ禍でも教室での面接授業がよい］［遠隔授業では授業が理解できない学生が多い］［遠隔授業は苦手だ］の3項目は平均値が3を下回っており、面接授業でなければならないと考えている教員は少ないことがわかった。

　一方、［後期、遠隔授業を予定している］［コロナ禍が続く限り、遠隔授業を続けるべきだ］［今後しばらく遠隔授業が継続しても支障がない］［遠隔授業で単位認定をすることは妥当だと思う］の項目については、平均値が4を上回っていた。このことから、コロナ禍が続く限り遠隔授業を継続することに支障はなく、学修面でも妥当であり、継続が望ましいと考えていることがわかった。

9）遠隔授業のメリット・デメリット

　遠隔授業のメリット・デメリットについては、図1-28に示した。［通勤・通学時間が不要］の項目は平均値が5.42であり、誰もが同意するところであろう。学生の中には、片道2時間近くもかけて通学している学生もいたことを考えると、通学時間を勉強時間に回すことができ、じっくり探究する学習時間の確保ができる。一方、［（学生が）新しい友だちを作れない］の項目も平均値が5.21であり、特に1年生は、大学に入学しても誰も友だちのいない環境で遠隔授業を受けていたとメディア等で報道されていた状況通りの結果である。［時間に縛られない］［繰り返し動画を見ることができる］［身体的疲労を感じる（目が疲れるなど）］［コミュニケーションがとりにくい］［実験できない］の項目も平均が4を上回っており、時間的制約に関するメリットがある一方で、身体的疲労やコミュニケーションのとりづらさ、実験ができないなどのデメリットも実感していた。

　一方、［オンラインツールの使い方がわからない］は、平均値が3を下回っており、遠隔授業を行うためのスキルに関する不安は小さいことがわかった。

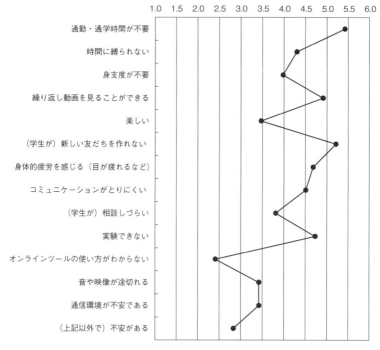

図1-28　遠隔授業のメリット・デメリット

10)　遠隔授業での問題点や今後の高等教育について

　遠隔授業での問題点や今後の高等教育について記述式で回答を求めた。遠隔授業での問題点について、KHCoder を用い共起ネットワークを作成した結果を図1-29に示した。共起関係の選択には Jaccard 法を用いた。強い共起関係ほど濃い色で示しており、頻出回数の多い語は大きな円で表示している。この結果から遠隔授業での問題点として3つの視点が抽出された。「評価の困難性」が1つめの視点として挙げられる。これについての具体的な記述としては、「正解を求めるような評価手法が無力化してしまうため、試験による評価が困難になってしまうところ。個々の授業でランダム出題などは実質的に無理なため、評価手法自体のアップデートが不可欠になるだろう」等が挙げられた。レポート型の課題であればこれまでどおり評価できるが、正しく立式し計算でき

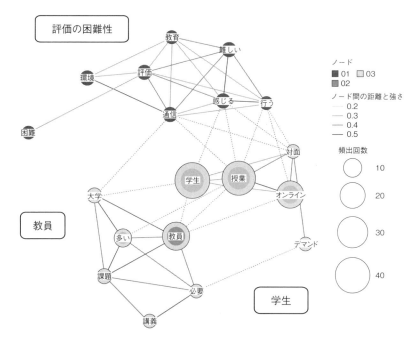

図 1-29　遠隔授業での問題点についての共起ネットワーク

るかなどを測る試験はオンラインでは困難である。

　2つめの視点として「教員（の授業準備負担）」が抽出された。この図だけからは読み取れないが、該当する記述に「準備時間が教室授業の倍以上かかる」「今回に関しては突然であったので、作成する教材が多すぎた。実習系の授業教材の作成には時間がかかります」等が挙げられた。

　3つめの視点として、「学生（の遠隔授業に必要なスキルや態度）」の課題が抽出された。「カメラをオフにしていると全く聞いていない学生がいる」等のように、授業をきちんと聞いているかどうかが目視できない点の困難さが指摘された。それゆえ、課題の多さにつながったのであろう。また、「日本の初等・中等教育において、ICT 活用が顕著に遅れていることが問題だ。高校までに学んできてほしいことが多すぎる」などのように、学生側の ICT 活用能力が不足しており、授業に支障を来していることへの指摘があった。

　この点は筆者自身もひしひしと感じていることである。たとえば、クラウド

上の筆者が作成したフォルダを学生に共有させようと「アクセス権のリクエストを送って」と指示をすると「筆者のメールアドレス」を送ってきた学生がいた。筆者が作成したフォルダであれば当然筆者のメールアドレスは紐付いている。共有してほしい（学生自身の）メールアドレスを送るべきだという考えに至らないのだ。おそらくクラウドの概念そのものがまったく理解できていないのだろう。日本の初等・中等教育の情報教育の遅れは深刻である。

　また、コロナ禍が続く中で、ハイブリット方式や遠隔授業の継続が予測され、「グループワークをオンラインで実施し、遠隔でも隣にいるように話し合える場を作り出すノウハウを得たい」などの、教授法を学ぶ機会の要望が指摘された。

　このほか、「著作権の問題。2020年は特例措置があると言われてもどの程度なのかはっきりわからず、資料の利用に二の足を踏む」のような、2020年に限った特例措置に対して、戸惑いの声もあった。

11）まとめ

　では、まず、感染拡大地域群と非感染拡大地域群に分類し、不安感や行動に関する分析を行ったが、予測に反し、インターネットの利用以外の項目においてまったく有意な差は見られなかった。このことから、非感染拡大地域に勤務する人も、感染拡大地域に勤務する人と同程度に、不安を抱え行動していたことが明らかになった。

　新型コロナウイルス等に対する不安感については、感染拡大状況によらず、すべての人が中程度以上の不安を感じており、［大学生の就職への影響］［人混みに出かけること］［人が密集している場所に近づくこと］について、高い不安感が指摘された。また、遠隔授業に対する意識からは、コロナ禍が続く限り遠隔授業を継続することに支障はなく、学修面でも妥当であり、継続が望ましいと考えていることがわかった。さらに、遠隔授業での問題点として、「評価の困難性」「教員（の授業準備負担）」「学生（の遠隔授業に必要なスキルや態度）」の3つの指摘が抽出された。前期の頃に「＃大学生の日常も大事だ」というハッシュタグがつけられ、面接授業が望まれたが、学生側の遠隔授業に

必要なスキル不足が、オンラインで授業を受けることの困難さを助長したのではないかと推察された。しばらくは、実技や実習、レポートでは測れないテストなどは対面での実施が続く一方で、オンラインで可能な授業はオンラインで実施するなどのハイブリッド方式が継続するであろう。無理に元に戻そうとするのではなく、「評価の困難性」を排除し、「教員（の授業準備負担）」を軽くする工夫や、「学生（の遠隔授業に必要なスキルや態度）」を育成することにより、より良い高等教育を創ることができるであろう。

（5）　コロナ世代が築く未来

　コロナ禍が起因となり助け合ったり、オンライン上で新しい人と知り合ったりして、協力し合う経験を持つ人がいる一方で、外出することに不安を感じ、自粛中にストレスを抱え込み、地域社会や家庭内で分断された人々もいた。また、ワクチンを望む人が多数いるけれども、抗体の持続性の問題や副反応などの懸念が残されたままであり、はたしてワクチンはコロナ禍終焉の切り札になり得るかどうか想像しても、ぼんやりと曇ったままである。

　季節性変動により、今後も感染者数の増減は繰り返すであろうが、ブラジルのように夏場も新規感染者が増えている国のあることを考えると、コロナ禍はゆるゆると今後50年くらい続くのではないかという思いに至る。

　今後、いくら寿命が延びても不老不死の霊薬でも誕生しない限り、筆者が50年後に生きているかどうか定かではない。コロナウイルスは我々人間社会に少なからぬ禍根を残したが、それをいつまでも、悲観していても始まらない。

　では、あの手この手でコロナ禍以前に戻すことが人類にとって幸せなのか。コロナ禍以前、至福の限りだったという人は別として、多くの人にとって、そんなに幸せな時代ではなかったのではないか。景気が回復したと言われた時期にも、本当にそれを実感できた人はどれほどいたのか、一握りにすぎないだろう。

　「歴史は繰り返す」という言葉もあるが、戦争や内紛を繰り返す場合など、負の出来事の再燃・再来を指す場合が多い。農耕時代が牧歌的で良かったと思

う人がいても、今ある電化製品を手放し、緻密な設計の家やアパートを出て、手作りですきま風の吹く小屋に住み替え、自給自足の生活に切り替えた方が幸せだと思う人は少ないだろう。歴史を巻き戻しても幸福感は得にくいのではないか。

むしろ、ペスト後に大きく社会構造が進化し、一足飛びに近代化が進んだように、コロナ後に大きく社会構造が進化し、一足飛びに AI 化を進めた方が、人類にとって幸福だろう。このコロナ禍に、よく目にするようになったキーワードの一つに DX（Digital Transformation：デジタルトランスフォーメーション）がある。概念自体は新しいものではなく、2004 年にスウェーデンのウメオ大学のエリック・ストルターマン教授によって提唱された概念である[31]。DX とは直訳すればデジタル変革、すなわち、進化したデジタル技術を社会構造や人々の暮らしに浸透させることにより大きな変革をもたらすことを指す。

大学教育周辺では、国立情報学研究所（NII）が「4 月からの大学等遠隔授業に関する取組状況共有サイバーシンポジウム」と題して、2020 年の春から、コロナ禍における高等教育の課題についてさまざまな大学の人が語るオンラインイベントを開催していた。開催初期から DX の概念は用いられていたが、2021 年 1 月からは「大学等におけるオンライン教育とデジタル変革に関するサイバーシンポジウム『教育機関 DX シンポ』」と名称変更し、シンポジウムのタイトルにも DX が使用され、強調されるようになった。

このシンポジウムでは、初期の頃には、コロナ禍の学生の心身のケアや遠隔授業実施のためのサポート体制の工夫などが報告されていた。後期の時期には、米国や英国、ドイツ、デンマーク、香港等の海外からの報告もなされた。小さな積み重ね一つひとつは、既存の LMS や ICT ツールを活用し、授業や学生支援を行うといった内容であるが、断片的な報告が集積されていくうちに、少しずつ教育の DX が進みつつある。

ドローンが荷物を運び、自動運転車の普及により出かけたい場所を入力すればそこへ連れて行ってくれる。5W1H を話すだけで、出来事をわかりやすい文章にまとめてくれる文章作成 AI の発達により、キーボードやライターがほとんど不要になる。AI めがねでメッセージの送受信ができる。──そんな新

しい時代が間もなく到来しようとしている。今、コロナ禍前の学校に戻すことがベストではないだろう。

　では、未来の世界がどうなるのか。それは誰にもわからないが、コロナ禍以前からスマートシティの構想は世界中で練られており、いろいろな未来が描かれている。たとえば、パリのスマートシティ構想 "2050 Paris Smart City"[32]では、居住地となる高層タワーは光電池、熱遮へいを完備し、電気も熱も自ら作り出す、自然あふれる未来都市が構想されている。雨水を用いてクリーンエネルギーを作り出したり、竹を用いたタワーには、野菜や花が植えられ、実用かつ憩いの役割を果たす空間として描かれていた。パリ以外にも、さまざまなスマートシティプロジェクトがある（資料参照）。

　コロナ後の社会では、以下の3点が大きく変わるのではないかと推察している。

① 　教育が変わる：オンライン化が進み、無料で受けられ、正規の課程として単位認定されるオンライン小学校・オンライン中学校・オンライン高等学校、オンライン大学ができるのではないか。

② 　街が変わる：スマートシティ化が進み、学校・仕事・買い物など生活のすべてがオンラインで完結する。移動したい場合も、自動走行車両が24時間安全な移動を可能にするため、交通事故のリスクから人類が解放される。

③ 　医療が変わる：日本では、オンライン診療は限定的であるが、米国、英国、中国、エストニアなどでは初診段階からオンライン診療が定着している。のどが痛い、熱がある、鼻水があるなど、画面越しでもある程度様子を見ることができるし、初期段階で処方する薬剤はおよそ決まっている。風邪のために病院にかかる必要はなくなるだろう。

　コロナ後にAI・IoT・DXの普及により、上記3点が大きく変わる可能性を予測したが、他にも予測しないことが起きる可能性もある。最終章で議論するが、「禍福は糾える縄の如し」である。コロナ禍は壮大な変革を人類にもたらすに違いないと確信している。

〈資料〉さまざまなスマートシティプロジェクト

　これまでの街づくりでは、教育や医療、交通、エネルギー問題、貧困問題など、それぞれの問題について個別に議論し対策が講じられてきた。一方、スマートシティは、行政や企業が収集したデータを AI などで分析したり、IoTや AI などの先端技術を活用し、横断的・包括的な問題解決を行ったりして、人々の理想的な快適さ、住みやすさを実現している都市がスマートシティである。人々にとっての快適さや住みやすさの定義は一元的ではないため、都市ごとに異なるさまざまなスマートシティ構想がある。

　エデンストラテジーインスティテュート（Eden Strategy Institute）は、このようなスマートシティを目指している政府を比較、評価している（p.58の表を参照）。

　その方法として、下記の 10 の要素のそれぞれについて、都市を 1 から 4 のスケールでスコアリングしている。これは、各基準に対する高低を示す。それぞれの要因について、「高い」とは、独創性と機知に富み、複数の制度化されたイニシアチブ、実証された信頼性とコミットメント、およびその要因に起因する成功を伴う可能性があることを示す。逆に、スコアが低い場合は、まだ準備されていない都市であるか、関連するプログラム、ポリシー、またはイニシアチブを導入していないことを示す。スマートシティイニシアチブの包括的または部分的な実装は、観察された実装の程度に応じて、2 または 3 の「中間」カテゴリスコアをつけた。

① 　ビジョン：「スマートシティ」を開発するためのわかりやすく明確に定義された戦略
② 　リーダーシップ：スマートシティプロジェクトを推進することに特化した都市のリーダーシップ
③ 　予算：スマートシティプロジェクトのための十分な資金
④ 　金銭的インセンティブ：民間部門の参加を効果的に奨励するための金銭

　　　　　　　的インセンティブ（例：助成金、リベート、補
　　　　　　　助金、競争）

⑤　サポートプログラム：民間の人々の参加を奨励する実質的プログラム
　　　　　　　（例：支援センター、イベント、ネットワーク）

⑥　才能の準備（Talent-Readiness）：スマートシティの構築に必要なスキ
　　　　　　　ルを都市の人々に身につけさせるプ
　　　　　　　ログラム

⑦　人中心（People Centricity）：　人を大切にした未来都市のデザイン

⑧　イノベーションエコシステム：イノベーションを維持するための幅広く
　　　　　　　関与するステークホルダーズ

⑨　スマートポリシー：スマートシティ開発のための助長的な政策環境
　　　　　　　（例：データガバナンス、IP 保護、都市設計）

⑩　実績：スマートシティイニシアチブの成功を促進した政府の経験

（1）　1位となったシンガポールのスマートシティの特徴

　シンガポールではスマートシティ政策として、2014 年から Smart Nation
Singapore が進められている。

　Smart Nation Singapore とは、デジタル技術とデータの活用を通じて、シ
ンガポールが抱えるさまざまな課題（少子高齢化、経済成長の鈍化、交通渋滞
等）の解決、イノベーションの創出および国民生活の向上をめざす政策である。
Smart Nation Singapore では、6つの分野——①戦略的国家プロジェクト
（Strategic National Projects）、②電子行政サービス（Digital Government
Services ）、③スタートアップ・ビジネス支援（Startups and Businesses）、
④都市・住民サービス（Urban Living）、⑤交通（Transport）、⑥健康・医
療（Health）——が設定されており、それぞれで複数のプロジェクトが進め
られている。

　例えば、①戦略的国家プロジェクトでは、E-Payments 政策、すなわち官民
が連携してキャッシュレス決済を推進する取り組みを実施している。さらに
Smart Nation Sensor Platform（SNSP）政策、すなわち全国展開された IoT

デバイスのデータを活用し、大気汚染の観測値・気温の観測値・スマートメーターの計測値・顔認証の結果などのデータを収集し活用する取り組みである。

（参考：https://www.hitachiconsulting.co.jp/column/asia_data/01/index.html、2021年10月12日アクセス）

（2）　2位となったソウルのスマートシティの特徴

　ソウル市はmVoting（モバイル投票）などさまざまな市民参加サービスや超高速インターネット網、公共Wi-Fiなど高品質なICTインフラ基盤を整備している。また、ソウル市の主要政策、情報システム、単位業務を分析してブロックチェーンを適用できる行政業務を発掘し、14個の課題を導出してブロックチェーンの標準業務分類システムを設けている。ブロックチェーン技術を行政に適用することで、結果の偽造・改ざんを根本から防ぐことができる。事業の一環として、チャンアンピョン（長安坪）中古車売買市場の中古車情報や性能点検結果などの偽造・改ざんを根本から防いだ実績がある。

　（参考：http://japanese.seoul.go.kr/%E6%94%BF%E7%AD%96%20E7%B4%B9%E4%BB%8B/%E6%96%87%E5%8C%96%E8%A6%B3%20E5%85%89/%E3%82%B9%E3%83%9E%E3%83%BC%E3%83%88%E3%82%B7%E3%83%86%E3%82%A3/、2021年10月12日アクセス）

（3）　3位となったロンドンのスマートシティの特徴

　ロンドン市のスマートシティプロジェクトであるSmart Londonは、研究者と民間企業のテクノロジーセクターの第一人者等によるスマートロンドン委員会によって推進されている。ロンドンのインフラストラクチャ、公益事業、公共サービス全体での新しいデジタルテクノロジーの実装、および市長のすべての戦略とポリシーにおけるテクノロジーとデータの役割について、市長とその最高デジタル責任者（CDO）に助言を行う。ロンドン市長は2018年にSmarterLondon Togetherを立ち上げた。これは、ロンドンを「世界で最もスマートな都市」にするためのロードマップであり、市の33の地方自治体と公共サービスがデータとデジタル技術とよりよく連携し、協力することを求め

ており、7つの法定市長戦略 ── ①輸送、②環境、③健康格差、④ハウジング、⑤文化、⑥経済発展、⑦ロンドンプラン ── の実現を支援している。

（参考：https://www.london.gov.uk/what-we-do/business-and-economy/supporting-londons-sectors/smart-london、2021年10月12日アクセス）

（4）　22位となった東京のスマートシティの特徴

「2020/2021スマートシティー政府トップ50」（p.52）によれば、東京は過去の自然災害の経験から、防災対策に81億円を投じ、振り子のような免震システムによって揺れを軽減するなど、建物や水道などのインフラの耐震化を進めてきている。東京都が開発した防災東京アプリでは、防災情報が便利に利用できるほか、自然災害時の生存者を捜索するために、海洋ロボットやドローンも配備されている。東京は、都市の回復力（レジリエンス）を高めるために、新しいテクノロジーの可能性を探り、活用し続けている。

また、東京都のスマートシティプロジェクトである「2020年に向けた実行プラン」によれば、下記8つの政策の柱を掲げ、世界に開かれた「環境先進都市・東京」「国際金融・経済都市・東京」を目指している。

①　スマートエネルギー都市
②　快適な都市環境の創出
③　豊かな自然環境の創出・保全
④　国際金融・経済都市
⑤　交通・物流ネットワークの形成
⑥　多様な機能を集積したまちづくり
⑦　世界に開かれた国際・観光都市
⑧　芸術文化の振興

（参考：https://www.seisakukikaku.metro.tokyo.lg.jp/basic-plan/actionplan-for-2020/portal/smartcity/、2021年10月16日アクセス）

表 2020/2021 スマートシティ政府トップ 50

ランキング	都市	総合点	ビジョン	リーダーシップ	予算	金銭的インセンティブ	サポートプログラム	才能の準備 (Talent-Readiness)	人中心 (People-Centricity)	イノベーションエコシステム	スマートポリシー	実績
1	シンガポール	35.8	3	3	3	4	4	4	4	3.9	3.9	3
2	ソウル	34	3	4	3	3	3	4	3	3	4	4
3	ロンドン	33.1	4	3	3	3	3	3.1	4	3	3	4
4	バルセロナ	32.1	3	3	3	3	3	3	3.1	4	3	4
5	ヘルシンキ	32	3	3	4	3	3	4	3	2	3	4
6	ニューヨーク市	31.9	4	3	3	3	3	3	4	3	2.9	3
7	モントリオール	31.8	3	3	3	3	3	3	2.9	3	4	3.9
8	上海	31.3	3	3	2.1	3.1	4	3	4	3	2.1	4
9	ウィーン	31.2	4	3	3	2	3	3	3.1	3	4	3
10	アムステルダム	31.1	3	4	3	3	2	3.9	3.9	3.1	3	3.1
11	コロンバス	31	4	3	3.9	3.1	3	3	3	3	3	3
12	ダブリン	30.2	3.1	3	3	3	2	2	3.1	4	3	4
13	サンフランシスコ	30	3	3	3	2.1	3	4	4	3	2	2.9
14	モスクワ	29.6	3	3	3	2	2.9	3	2.9	2.9	2.9	4
15	北京	29.3	3	3	3	3.1	1.1	3.1	4	2.9	2.1	4
16	成都	29.1	3	3	3	3	3	3.1	3	3	2	3
17	テルアビブ	29	3	3	2	2	3	3	4	2	3	3
18	シドニー	28.9	3	2	2	2	3	3	2.9	4	4	3
19	台北	28.8	3	3	2	2	3	3	3	3	2.9	3
20	メルボルン	28.3	2	3	2.1	3	3	2.9	3	3	3.1	3
21	ハミルトン	28.1	2	4	3	2	3	3.1	3	2.1	3	2.9
22	東京	28	4	3	3	2	2	2	3	3	2	4
23	ベルリン	27.9	3	3.9	3	2	2.9	2	3.1	3.1	3	2.9

No.	都市												
24	ミラノ	27.8	3	3	3	2	2	2	2.9	3	3	4	2.9
25	深セン	27.3	3	3	1.1	3.1	3	3	4	2	3	1.1	4
26	ダブリン	27.1	3	4	2	3	3	2	3.1	2	2	2.1	2.9
27	オスロ	27	2	2	2	3	3	1.9	3	2	2	3	3
28	ロンドン	26.9	4	3	4	2	2.1	3	2.9	2	2	2	3
29	杭州	26.8	3.9	1	3	1.9	1.9	1.9	3	3.1	1.9	3.1	4
30	釜山	26.7	3	3	3	1	3	1	2.9	3	3	2.9	2.9
31	アデレード	26.5	3	3	2.9	2	2.9	3	2.9	2	2.9	3	2.8
32	ボストン	26.4	3	3	3	2.1	2.1	3	2.1	2	2.1	3.1	3.1
33	ウェリントン	26.3	3.1	3	3	2	3	2	2.1	2.1	2.1	3	3
34	ドバイ	26.2	3	3	3	2.9	3	3	3	2	3	2.1	3.1
35	コペンハーゲン	26.1	3	3	3	2	3	3	4	2	3	3	3
36	広州	26.1	3	2	2	2.1	3	3	3	2	2	2	3
37	シアトル	26	3	2	3	3	2	3	3	2	2	2	3
38	フランクフルト	25.9	3	2	2	2.9	2	2.9	3	2	2	3	3
39	フィラデルフィア	25.8	2	3	3	3	2	2.9	3	2.9	2.9	2	2.9
40	ロサンゼルス	25.7	3	3	2	2	2	2.9	3	1	2.9	2	2.9
41	香港	25.6	3	2	3	3.9	2	3	3	2	2.9	1.9	2.9
42	シカゴ	25.3	3	3	2.1	2	2.1	3	2.9	3	2	2.1	3.1
43	クライストチャーチ	25.2	3	3	2	2	3	2	2.1	2	3	2.1	3
44	バンクーバー	25.1	2.1	2	2	2	2	3	3	1.9	2	4	3
45	チューリッヒ	25	3	2.1	2	2	1.9	3	3.1	2	3	2.9	3.1
46	ハーグ	24.9	3	3	2	2	2	2	2.9	1.9	2	3	3
47	ロッテルダム	24.8	2	2	2	2.1	3	3	2.9	2	3	2.9	3
48	リスボン	24.7	2	3	2	1.9	2	1.9	3	2	2	3	2.9
49	重慶	24.3	3	3	2.1	2.1	2	3	3.1	2	3	1	3
50	ストックホルム	24.2	3.1	2	3	2	2	2	3.1	2	2	2	3

出所：https://www.smartcitygovt.com/

注

1) 日本経済新聞2021年1月12日「20年度のDV相談、最多の13万件超　コロナ外出自粛で」

2) 岡野あつこ（2020）「コロナで離婚相談が5割増！ 20～30代が『熟年離婚の前倒し』に走る理由」ダイヤモンドオンライン

3) 朝日新聞2020年11月30日「相談、コロナ禍で2.5倍　家出『少女の問題ではない』」

4) 朝日新聞アピタル2020年10月3日「10代女性の自殺、8月は去年の約4倍　コロナ禍で何が」

5) こころの健康相談統一ダイヤル　0570-064-556

6) R^2 は、決定係数（coefficient of determination）あるいは寄与率と呼ばれ、統計学上、独立変数（説明変数）が従属変数（目的変数）をどれくらいを説明しているかを表す値である。標本値から求めた回帰方程式（モデル）のあてはまりの良さの尺度として利用され、1に近づくほどあてはまりが良い。

7) 自殺者数　https://www.npa.go.jp/publications/statistics/safetylife/jisatsu.html（2021年3月20日アクセス）

8) 毎日新聞2021年2月15日「児童生徒の自殺者急増　最多479人　コロナ禍の社会不安影響か」https://mainichi.jp/articles/20210215/k00/00m/040/214000c（2021年3月20日アクセス）

東京新聞　2021年1月22日「コロナ禍が影響か…昨年の自殺者2万人超　女性の増加が顕著、小中高生は過去最多」

朝日新聞　2021年1月22日「自殺者、リーマン後以来の前年比増　小中高生は過去最多」https://www.asahi.com/articles/ASP1Q2Q2NP1PUTFL00P.html（2021年3月20日アクセス）

NHK　2020年12月23日　News Up「子どもの自殺大幅増加 コロナ禍で何が」 https://www3.nhk.or.jp/news/html/20201223/k10012780511000.html（2021年3月20日アクセス）

9) 本項は朝日新聞「論座」加納寛子「コロナ感染者への差別と『いじめ』の構図　大人の偏見が子どもに影響、ネットでもいじめも憂慮」に加筆修正した。

10) デイビッド・フィリップ・ファーリントン博士による「いじめ防止プログラムの効果に関する論文」。Farrington, D.(1993) Understanding and preventing bullying. In M.Tonry (ed.), Crime and Justice: A review of research, 17, 381-458. Chicago: University of Chicago Press.

11) 加納寛子（2014）『いじめサインの見抜き方』金剛出版

12) https://www.verywellfamily.com/cyberbullying-increasing-during-global-pandemic-4845901（2021年3月20日アクセス）

13) Sherri Gordon (2020) Research Shows Rise in Cyberbullying During COVID-19 Pandemic.

14) 「COVID-19 パンデミック下に英国でネットいじめが増加」 https://www.readersdigest. co.uk/lifestyle/technology/cyberbullying-is-on-the-rise-in-the-uk-during-covid-19- pandemic（2021 年 3 月 20 日アクセス）

15) Hiroko Kanoh（2018a）Why do people believe in fake news over the Internet? An understanding from the perspective of existence of the habit of eating and drinking, Procedia Computer Science Volume 126, 1704-1709.

16) Hiroko Kanoh（2018b）Does rumor affect our impression on and action to others?, International Journal of Management and Applied Science, 4（12）12-15.

17) https://hoaxy.osome.iu.edu/#query=Vaccine% 20Anaphylaxis &sort=relevant&typ e=Hoaxy&lang=（2021 年 3 月 20 日アクセス）

18) エコーチェンバーが起きるシミュレーションモデル。エコーチェンバーとは、閉鎖的空間で特定の考えが増幅され伝播されること。

19) Helen Ward et al.（2020）Declining prevalence of antibody positivity to SARS-CoV-2: a community study of 365,000 adults. https://www.medrxiv.org/content/ 10.1101/2020.10.26.20219725v1（2021 年 3 月 20 日アクセス）

20) 国立感染症研究所感染症疫学センター（2021）発症からの感染可能期間と再陽性症例における感染性・二次感染リスクに関するエビデンスのまとめ https://www.niid.go.jp/ niid/ja/diseases/ka/corona-virus/2019-ncov/2484-idsc/10174-covid19-37.html（2021 年 3 月 20 日アクセス）

21) https://github.com/CSSEGISandData/COVID-19（2021 年 3 月 20 日アクセス）

22) UNESCO による世界の休校状況 https://en.unesco.org/covid19/educationresponse （2021 年 3 月 20 日アクセス）

23) 文部科学省（2020）「新型コロナウイルス感染症の影響を踏まえた公立学校における学習指導等に関する状況について」

24) 本項は下記原稿に加筆修正した。
加納寛子（2020）「コロナ禍における高等教育での遠隔授業の可能性について〜学生のオンライン授業のための通信環境と ICT 機器の所有状況に関する調査より〜」『日本科学教育学会第 44 回年会論文集』pp.521-524

25) 本項は下記の原稿に加筆修正を加えた原稿である。
加納寛子（2020）「コロナ禍における教育と教員の意識に関する実態調査（1）〜オンライン授業実施にあたっての ICT スキルと生活時間の変化に着目して」『大学マネジメント』 Vol.16、No.6、pp.31-35
加納寛子（2020）「コロナ禍における教育と教員の意識に関する実態調査（2）〜コロナウイルス拡大にともなう不安感に着目して」『大学マネジメント』Vol.16、No.8、pp.40-45
加納寛子（2020）「コロナ禍の大学教員の憂鬱」『医療ガバナンス学会メールマガジン』

Vol.231

26) 文部科学省初等中等教育局情報教育・外国語教育課「令和2年度補正予算案への対応について」（令和2年4月7日） https://www.mext.go.jp/content/20200408-mxt_jogai02-000003278_412.pdf（2021年3月20日アクセス）

27) https://sip.dis-ex.jp/（2021年3月20日アクセス）

28) 毎日新聞2020年4月10日「学生に『バイト来るな』大学に『住所教えろ』クラスター発生の京産大へ差別相次ぐ」

29) 朝日新聞2020年8月15日「日体大レスリング部でクラスター発生　計20人が感染」

30) 朝日新聞2020年8月16日「4日連続で感染者1千人超　大学ラグビー部でクラスター」

31) Eric Stolterman, Anna Croon Fors. "Information Technology and The Good Life". Umeo University https://www8.informatik.umu.se/~acroon/Publikationer % 20Anna/Stolterman.pdf（2021年3月20日アクセス）

32) http://vincent.callebaut.org/object/150105_parissmartcity2050/parissmartcity2050/projects/user（2021年3月20日アクセス）

第 **2** 章

ポストコロナ社会のコミュニケーションの
リスクと可能性

　本章は、コロナ禍社会における病理および、ポストコロナ社会のコミュニケーションのリスクと可能性について考察する。

　まず第1に、コロナ禍社会で「コミュ障[1]」(「コミュニケーション障害」の略。コミュニケーションが苦手な人々) たちが陥った困難について、ポストコロナ社会への変化の中でのリスクと、彼らの困難からの脱出の可能性について考える。

　第2に、ヘイトとフェイクがSNSにおいて結合するような、民主主義が困難なポストトゥルース社会を、ネオリベラリズムやコミュニケーション資本主義の観点から考察し、またポストコロナ社会での新たなコミュニケーションの可能性について考察する。

1. 「コミュ障」にとってコロナ禍社会はどういう環境だったのか

（1） コロナ禍社会における「コミュ障」の困難

　コロナ禍で、「コミュ障」の人々は、「普通の人々」がひきこもることを余儀なくされたため、「一億総ひきこもり社会」の中では自分たちがマイノリティではなくなり、とても落ち着いたという声が聞かれた。

　教育現場でも、それまでコミュ障の子どもたちや学生にとっては教室空間そのものが彼らにとっては抑圧的な場であったため、学校に行かなくてよい解放感があったとされた[2]。

　筆者自身、コミュ障や不登校、ひきこもり傾向のある学生がクラスやゼミに

いて見守る立場におり、日頃から、「朝早く起きられるか」に始まり、彼らが具体的な行為の一つひとつに困難を抱えていることを知っていたため、コロナでそれらのすべてがなくなり、彼らが学校に行くことへの困難からは楽になれ、今期は少し単位が取りやすいかもしれないと期待していた。

　ところが蓋を開けてみると、事態は逆であった。彼らはこの事態に調子を崩し、むしろ悪化してしまったのである。

　もちろん、彼らが直後には一瞬の解放感を語るのも聞いたし、筆者の持ったような期待が最初は彼らにもあったことも聞いた。しかし、事態が進行すると結果はそうはならなかった[3]。

　自殺者数については、2020年4-6月は例年に比べ減少していたのに、長い自粛期間が明けた7月以降、増加が見られた（いのち支える自殺対策推進センター 2020）。報告書は以下のように記している。

　　　新型コロナウイルス感染症による死への恐怖によって人々が自身の命を守ろうとする意識が高まり、同時に、自身の命や暮らしを守るための具体的な施策にアクセスできるようになったことにより、4月から6月にかけては例年よりも自殺者数が減少した可能性がある。なお、これは自殺に関する相談として寄せられた声に関する考察だが、3月下旬頃から、自殺念慮を抱えた人たちから「今までは、生きるのが大変なのは自分だけだと思っていたが、社会全体が自分と同じような状況になってホッとした」「みんなが自分と同じようなつらい経験をしているのをみて、気持ちが楽になった」といった声が聞かれるようになった。自殺のリスクを抱えた人たちが、そうした思いになったことで、この期間中には自殺行動に至らなかった可能性（その結果として自殺者数が減少した可能性）も考えられる。

　しかし、7月以降自殺者は増加し、それについては自殺報道の影響（「ウェルテル効果」）の他、学校に戻るタイミングで「遠隔授業についていけず、学校をやめたい」といった声があった等、報告されている。

　恐怖症の患者は恐怖対象が目の前に現れると恐怖が増すが、恐怖の対象がはっきりしない不安症の患者は、恐怖対象が明らかになると落ち着くという指摘もある（正木ほか 2020）。一般的なコロナうつについては、加藤（2020）が次のように示唆している。

　　コロナ禍により他人との親密な交流の機会が失われる、さらに仕事がなくなる、
　毎日の生活をするためのお金に不自由するなど、さまざまな形での生きがい喪失
　を余儀なくされ、「コロナうつ」と呼ばれるうつ状態になる人が増えていく。

　加藤は、彼らは「自殺予備軍になりうる人々」であるとする。なお、日本精
神神経学会等は、以下のように、コロナによる精神疾患のリスクを指摘してい
る。

　　自然災害や今回のような感染症の拡大等、社会を大きく揺るがし周囲の状況が
　大きく変化するような出来事が起こった場合、健康であった人が精神疾患を発症
　したり、精神疾患を患っていた、あるいは寛解状態にあった人が再発・悪化して
　しまう場合があり、今回の COVID-19 パンデミック状況下においても同様の事
　態が指摘されている。
　　元々精神疾患を患う人はストレス脆弱性を有し、メンタルヘルスが悪化しや
　すいハイリスク者である。不安症患者の不安症状の悪化の報告は多く、中でも強
　迫症患者にとっては COVID-19 流行下の状況は強迫症状が悪化しやすい条件が
　揃っており、症状悪化が懸念される。
　　（日本精神神経学会、日本児童青年精神医学会、日本災害医学会、日本総合病
　院精神医学会、日本トラウマティック・ストレス学会 2020）。

　そして、これまでは問題がなかった学生まで、この状況で、調子を崩して休
学してしまうケースも出てきてしまった。どうしてこういうことが起こってし
まったのだろうか。
　コロナ禍のこの結果は、「コミュ障」に見られる、コミュニケーションやメ
ンタルの問題を抱えている学生たちの新しい困難を予測させるものとなった。
それは、「ポストコロナ社会」として示唆されている、より流動的な社会にお
いて、コミュ障や「非定型」の人々（ASD 自閉スペクトラム症などが最も想
定される）の、これまで可視化されてこなかった困難である[4]。

（2）　ルーティンの消失した生活での「コミュ障」の困難
　その問題を見ていく前に、実際、どのような困難が彼らに起こっていたのか
確認しよう。

　例えば、強迫傾向のある、ある大学生は、オンラインでの課題レポートに力を入れすぎて、課題に押しつぶされてしまった。一般に、コロナ禍における大学での課題の多さとそれに追われる学生たちの困難の話は、多くの大学で聞かれたことであった[5]。

　コロナ禍で、特に「オンデマンド型・課題型授業」の場合、「面接授業」（や、またオンラインでも「Zoom などでのライブ型授業」）にはある、時間による授業の制限・制約がない分、課題による学生への支配が無制限になりやすかった。

　それには、文科省による、文脈や現場への理解を欠いた画一的な指示、すなわち「予習・復習含めた一単位の時間数を確保しろ」とする指示の下で、教員たちのある意味では過剰防衛かのような、出す課題の「インフレ」も影響していた。学生たちからは、バイトの時間も睡眠時間もなくなってしまったといったクレームも聞かれた。

　普通の学生でさえそうなのに、強迫傾向のある学生は、さらに過剰に課題を抱え込んでしまった。授業時間内でのコメントシートなら、配布されるシート（通常なら A5 サイズの小さいシート）1 枚の分量や、書く時間（授業の終わりの 10 分など）の限定の中で、課題に取り組む学習量も限定される。

　しかし、オンラインの課題では（後には字数も設定され、200 字やせいぜい400 字など少なめの字数へと明示されることで制限され改善されることになったが）、どのくらいの学習量を注げばいいのか見当がつかなかった。

　そして強迫性があり完璧主義の学生たちは加減がわからず、やってもやっても不安になり、無理な学習量を注いでしまったのである。「ある程度」の範囲で、ルーズに、「いい加減」にできる学生たちも、不安ゆえ普段より多少は抱え込む傾向があったのだが、コミュ障の学生たちは通常の学生たち以上に課題に押しつぶされていった。

　また強迫傾向のある別の学生の例では、LMS（ムードル等、遠隔授業のプラットフォーム）での教員の授業指示が変更されていないか、一日に何度も確認するためにアクセスするといったことが起こっていた。通常の授業なら、授業内でさまざまな指示は完結するのだが、遠隔授業では、ある意味、24 時間、

いつ指示が追加されるかわからない。この状況下で、コミュ障の学生たちは、指示を 24 時間待ち指示に振り回されてしまった[6]。また他のコミュ障の学生の例では、授業と私生活の「切り替え」に困難を抱えてしまったようだった[7]。

こうして、普通の学生ならある程度いいかげんさをもって対処し、また友人に確認の電話をしてみたり教員に連絡したりするといった行動をとるのに対し、コミュニケーションが苦手で日常に強い不安感をもつ学生たちは、「教室に埋め込まれた空間と時間」という通常の限定性がない状態では、自身で課題なり状況を限定したり特定することに困難を抱えてしまったのである。

もちろん、このような強迫性と不安については、ある程度はいい加減にやれる普通の学生にとっても、一定起こっていたことではあった。

実際、筆者の大学で前期に行った学生アンケートでは、自分が授業を理解しているのか、教師の指示がわかっているのか、コミュニケーションがうまく取れているのか、不安を示す学生は多かった。電話で確認が取れるほど仲がいい友人がいればまだしも、友人をまだ作ることができていない 1 年生においては特にそうであった（アンケートについては後述）。

（3）　社会の解体と「コミュ障」の人々

こうして、ルーティンの学校空間のコミュニケーション構造や社会的な拘束に「適応」できないゆえに困難を持つ彼らが、そこから自由になると期待されたコロナ禍で、彼らが楽になるかと言えば、逆に困難になってしまうという逆説的事態が起こった。

もちろん、精神疾患や病理に携わっている人なら、非常時に彼らが不安に陥り悪化する危険については、経験上想定されることではあった。

とはいえ、コミュニケーションに困難を持つ彼らが、コミュ力の高い人たちにおいてもコミュニケーションが奪われる「一億総ひきこもり社会」という「ユニバーサルモデル」のもとでは生きやすいのではないかという期待もあったのであった。

ここで、災害や非常時における精神疾患や病理を抱える人々の行動の特異性を確認しておこう。

　例えば、3.11（東日本大震災）の直後では、日本社会全体が大災害に見舞われて日常が停止したため、ひきこもりの人々は、自分たちをいつもは逸脱へと排除していた分厚い日常が崩れる解放感をもち、外に出て躁状態でボランティアに協力するといったことが起こっていた。しかし、頑張りすぎて疲れてしまうケースや、日常が戻るとまたひきこもってしまうケースもあった。

　多くの精神疾患者は、不安感が強かった。また、ラカン派精神分析で言う「想像界」、すなわち世界を無根拠に信じる力が弱い彼らは、災害時の社会で、ますます世界への不安感をリアルにもったのである。

　そして今回、前の日常にどちらかというと戻ることが予想された、地震後の復興社会などとは異なり、長期的で社会全体の構造が変わりかねない、「withコロナ/after コロナ社会」への移行において、またナオミ・クラインの言う「惨事便乗型」資本主義が否応なく「加速主義」的にこれを推し進める中、彼らは置き去りにされるリスクがあることがわかってきたといえるだろう。

　「COVID-19 パンデミック」は「CBRNE（シーバーン chemical, biological, radiological, nuclear, explosive；化学・生物・放射線物質・核・爆発物）」に起因する緊急事態を総称する「特殊災害」に分類されている。

　これらの特殊災害は、地震や水害、台風等の自然災害に比し、五感で感知できず不確定な要素が多いため、不安や恐怖が強まりやすく、はるかに多くの社会的混乱を及ぼしうることが示唆されている。

　日本においてこれまでに発生した CBRNE 災害としては、1995 年の地下鉄サリン事件、2009 年の H1N1（新型）インフルエンザパンデミック、2011 年の福島第一原子力発電所事故等がある。そのような中でも、COVID-19 は過去最悪の事態だとされる（日本精神神経学会、日本児童青年精神医学会、日本災害医学会、日本総合病院精神医学会、日本トラウマティック・ストレス学会2020）。

　日本精神神経学会他の「メンタルヘルス対策指針」では、現在のコロナの精神的危機について、「先の見通しを立てることが困難であるため、自然、将来に対する不安を抱かせる。これらの不安・恐怖は、その人を過度に強迫的あるいは回避的な対処行動に駆り立てる可能性」があること、また「不安やフラス

トレーションを長期に渡って抱き続けることや、生活環境の変化に伴い目標や関心の対象を見失うことは、アルコールや喫煙、薬物等への依存行動を誘発したり、増強する要因となるため、依存の問題には注意を払う必要」があることを指摘している。

　加藤（2020）は、精神病理学者ミュラー・ズアーが、「統合失調症急性期の体験を『人生の意味を電光石化のごとく根底から変化させる出来事』で、他者には追体験が不可能な出来事であると定式化した」としたように、「『コロナ危機』は、人々にとり『人生の意味を電光石化のごとく根底から変化させる出来事』にほかならない」としている。精神的なレジリアンスの弱い人々にとっては、こうして、コロナはトラウマ的なきつい体験である。

　加藤は「統合失調症の出来事と違うのは、コロナ危機が人々の間で共有され分かち合うことができる出来事である点である」とするが、一方、通常ならできるはずのこの分かち合いは、「この感染症特有の性質により……社会的、身体的接触低減が要求される自粛生活はメンタルヘルスの維持にとって重要な対人交流を阻害し、強い孤立感、孤独感を生むとともに、種々のストレス解消の機会を奪う。そのため、地域社会が現在直面しているメンタルヘルスの問題は極めて深刻」である。

　「コミュ障」の人々にとっては、健常者が難なく行うコミュニケーションから同じように疎外されているということ、「コミュ能力二極化社会」において、コミュニケーション格差を維持させていたコミュニケーション環境がコミュ能力を持つ人々から奪われている点では、剥奪感は緩和されたともいえる。

　しかし、先に見たように、そもそも教室空間は、コミュニケーションの時間的・空間的な限定によって成立しており、オンライン教育はその限定性を欠くことによる困難をもたらし、そこではコミュ能力が別の文脈で「汎用的」に要請され運用されることを示したのである。

2. 学生へのアンケート調査から

　ここで、愛知大学社会学コースの学生313人に2020年秋に行ったアンケート調査結果（愛知大学社会調査実習樫村クラス2021）によって、学生たちにとって、大学や教室がどういう意味を持っていたかを具体的に確認しよう。

　まず学習の困難を訴えているのは以下のような意見である。

> ・友人と会うことがなく講義内容の確認ができないため心細い。就活など情報共有ができない。
> ・コミュニケーションが思っていたより取りづらい。講義がわからないのにメールだと質問しづらい[8]。

　彼らがこれまで受けてきた教育の習慣もあるが、勉学は学習コミュニティに支えられており、一人では困難を抱えることがうかがえる。

> ・いつでも好きな時間に講義を受けられるという点で逆に怠惰になってしまう。
> ・課題の先延ばしを助長してしまう。
> ・教室に集まれないため緊張感がない。興味があっても退屈に感じる。
> ・対面授業より、集中力が低下している。
> ・自分のペースで学習ができるという反面、やる気が出ずに1つの授業をサボってしまうと、その生活が連鎖してしまうという点がオンラインでの学習で不安なところである。より良い生活リズムを作るということに関しては、オンラインでの学生生活はあまり向いていないのではないかと思う。
> ・教室に集まることで成立していた授業の緊張感がなく、たとえ興味のある内容であっても非常に退屈に感じる。

　教室における教育ほど、「教室王国」と呼ばれるような、教員の個別の方法に沿ったものはないだろう。学生にとって、自分の行っている学習が正しいのかどうかということは、通常なら同じ教室で受ける同級生を見て判断されていたことを、私たちは改めて確認する。または教員と学生の相互モニターによって判断されていたことも改めて確認される。

　また以下のような意見から、たまたま大学や教室で顔を合わせる、同じ時間を共有することで生まれる「雑談」が、コロナ禍と遠隔授業では奪われていることがわかる。Zoom 等は機能的に設計されているため、空間が一義的に管理され、雑談が奪われていたことがわかる [9]。

- ・大学生活で友人をたくさん作る予定でしたが、オンライン上でしか会うことができず Zoom を用いる講義も少なかった。
- ・友人と顔を合わせる機会が減ったことや、講義も一人で受けることになり、寂しく感じる。また就活の話など雑談ができないが、オンラインでわざわざ話そうとはならない。
- ・授業自体はコロナ以前とほとんど変わりない感じで受けられているが、授業と授業の間の時間で友人と話せていたのがなくなり、あまりコミュニケーションが取れないため、少し話せる時間が欲しいと感じる時がある。
- ・ふだん学校で顔を合わせていればその際に雑談としていろいろな情報交換、例えば就活を今どれくらい頑張っているかといったことなどを話し合うといったことができるのだが、オンラインになるとわざわざそれをオンライン上で共有しようとはあまりならない。

　そしてそれは、学生たちの生活そのものから充実感を奪っていることがわかる。

- ・人と会う事がなくなった。孤独感がある。
- ・友達と会えないストレスや学生生活に対する楽しさの感情は減ったように思える。
- ・これで一年過ぎて卒業してしまうことに対して喪失感がある。
- ・大学生活を無駄にしているように感じる。
- ・学生生活をつまらなく感じる。
- ・このままオンラインだと大学生らしい生活が失われてしまいそうで怖い。
- ・貴重な学生生活を無駄に過ごしているような気がしてもったいないなと感じる。
- ・大学生という実感がなくなってきた [10]。

　ここには、もちろん、学校が、学ぶことそのものの楽しさよりも、同世代と

の交流において彼らにとって意味があるといった問題もある。学校がなくなれ
ば、社会とのつながりのない「境界人」としての若者の社会的位置といった問
題も、もちろんその外側に文脈としてある[11]。

とはいえ、それを差し引いても、教育の現場が、対面や身体、場、コミュニ
ティに支えられていることは間違いないだろう。

なお、同様に、愛知大学の同じ学生に行った、「オンラインでの就活」につ
いてのアンケート調査によれば、やはり以下のような不安が示された。

- オンラインで自分の声が聞こえているかなど、対面では起こりえない不安要素
  がある。
- その場の雰囲気を肌で感じられなくて、不安が残りそう。
- 周りの就活状況が分からず、一人で行うことに不安がある。
- 十分な情報が得られているか不安がある。
- 自分を伝えられているか不安。
- オンラインによる緊張感のなさがある。
- 活動をしている実感がない。
- 機械越しの相手の声に不安。
- インターンの質が下がったと思う。
- グループワークのしんどさが増えた。

一方で「オンラインだと（就活の）参加へのハードルが下がる」というメ
リットもあるが、圧倒的に多いのは不安感や手応えのなさである[12]。

3. 教室空間の構造と新しい教育

コロナ禍が始まる前から、すでにネオリベラリズム社会は到来しており、社
会の中でのさまざまな流動化は促進されつつあった。教育は次の社会の人材育
成という未来志向性ゆえに、他の領域以上に先駆性をまとう。

文科省が世界スタンダードを参照しつつ掲げていた「学習者中心」教育、「資
質・能力」型教育は、学校の解体やオンライン教育とも連動するラディカリズ
ムを潜在的にもっていた。それでも、コロナ禍以前では、学校という堅固な制

度がそう簡単に動くわけではなかった。

　ところがコロナ禍は、「学校」をいとも簡単に「停止」させてしまったのである。そしてそれは、ある意味でありえない「社会実験」を可能にさせ、私たちが信じて疑わなかった「学校」や「教室空間」を一気に対象化・相対化させることとなった。さらには逆に、対面を基礎とする教室における教育という振る舞いが、教員の身体を通した行為と学生とのコミュニケーションによって成り立っているということを可視化した[13]。

　これについては、職場でのリモートワークでは、学校で見られるほどの剥奪感、喪失感はなかったように思われる。リモートワークでは、先に見たような不安（教師の指示の内実、課題の程度等）は聞かれなかった[14]。

　ここには、教育が、標準化・パッケージがしづらいものであるという、教育の特質の問題がある。それは、教育とは今までできなかったこと、新しいことを学ぶ分、見よう見まねの領域が多く、そこでは身体を通じ模倣を通じて学習することが重要なのだということを意味している。

　また、石井（2020）の指摘するように、教育は共同体の中で先駆者と後続者が相互作用の中で創造性を発揮するものであるという性質に依拠している。

　石井は以下のように指摘する。

　　　学ぶことの原点は、見よう見まねでまねぶ（模倣する）ことにあります。ただ見るだけでなく、場を共有していることで、見たり感じたりしたことが脳裏に残っているうちに身体が無意識に共振し、何らかの動きが誘発され、そこで実際に動いてみることで、相互作用的に身体や思考がかたどられる[15]。（石井　2020：21）

　そして石井は、コロナ禍で可視化された教室の構造にある重要な要素を以下のように指摘する。

　現在のトレンドである、「資質・能力ベース」の教育やカリキュラムは、授業を柔軟にオンラインに切り替えることを可能にするが、遠隔授業が能力形成への合理的・道具的なツールにされていけば、教室空間にあるような「冗長性」や「身体性」（隣に座った学生との雑談や、板書に見られる、ゆったりとした時間）が持つ、はっきりした意味は意識されにくいが無駄というわけでは

ない機能を排除してしまう危険性も持っている。コロナ禍のオンライン教育は、今までの教室にあってオンライン教育にない、そういった特質を可視化させたといえるだろう、と [16)]。

こうして、現在、進められている、新しい教育方法としての、「コンピテンシー・ベースや資質・能力ベースの改革は、社会との境界線において学校の機能と役割を問い直すもの」であると石井は指摘し、「既存のシステムや集団から『個』を析出し、同調圧力の源泉である『世間』を問い直す結果になる可能性」もあるとしながら、「他方、中間集団や保護膜なしに、社会と各個人が対峙しなくてはならない、リスクが個人化され、ネット上の集合知や空気に翻弄される社会かもしれない」（この点については本章においても後述）と述べる。

4. 若者のコミュニケーション
—「コミュ障」のコミュニケーションの文脈—

（1）インターネット・コミュニケーションの現在

ここで、「コミュ障」を疎外体としてある意味押し出して構成するような、若者の現在のコミュニケーションのありようについて、確認しておこう。

日本の若者たちのコミュニケーションのあり方は、社会や世界に開かれたものというよりは、「閉じている」と指摘されている。

橋元（2020）が毎年、総務省情報通信政策研究所と行っている調査によれば、若年層の SNS 利用動機の1位は「ひまつぶしのため」（82.7%）であり、かつて「時間をつぶす1位」だった「テレビ」を「ゲーム」が代替することとなった。

またここでコミュニケーションの動機については、「新たな交流の拡大」よりも「既存の関係維持」であり、「承認欲求」や「楽しさの享受」についての利用動機は低いという。また、SNS ヘビーユーザーの 52.1%が「SNS 上の人間関係」に「負担を感じる」（=SNS 疲れ）とし、アクセスしないことへの負の報酬が継続を強いる強化因となって依存が生まれているとする [17)]。

社会学からの若者のコミュニケーションの考察について土井（2020）を参

照すると、「人間関係についての充実感」は1980年代から上昇した（組織の流動化による組織のからの解放ゆえ）が、それと共にいったん減少した「人間関係の悩みや心配事」がまた2000年代から上昇（基盤としての組織が崩壊したため、不安感が上昇）したとされる。

　ここでも、若者たちが「新しい関係を求める心性」は弱まっている。そして、「自己承認」の相手や「安定した居場所」を学校内に確保することが難しい子どもが、代替する相手をネットの中に求め、特に、「居場所がない」ので、目の前の関係によけいに「しがみつく」と指摘されている。

　そして1980年代から1990年代まで弱まっていた「同調圧力」は2000年代に反転し、さらに価値観の多様化の増大により、逆に人との共通性を見つけることが困難になったと指摘されている[18]。こうして、不安を解消するために積極的に過同調し、それが現在のいじめにつながっているとする。それゆえいじめ体験においては、過同調の文脈を反映して、加害者と被害者の両方の経験をもつ者が多いとされるのである。

　また、オンラインゲームへの依存が学校でのいじめや身体的・心理的暴力などの問題行動のリスクになることが、例えば韓国の小中学生を対象とした研究でも報告されている（Kim, J, et als., 2017）。浅田・原（2019）も、SNSでコメントを欲しがったり利用時間が長くネット依存に陥っていると思われる学生ほど、ネットいじめの被害者となっていると指摘している。

（2）　ネットいじめとゲーム障害

　コロナ禍でネットいじめは増加し、またゲーム障害も増えているとされる。ゲーム障害者といじめ（被害者）の相関も指摘されている[19]。

　しかし、すべての子どもや若者がゲーム依存に陥っているということではなく、階層差も指摘されている。浅田・原（2019）は、高階層の高校と低階層の高校でゲーム依存の度合いが異なり、後者のゲーム依存の度合いが高く、ゲーム依存に階層差が関係していることを調査によって明らかにしている。

　現在、ゲーム業界がゲーム使用のコントロールの柱としている「ペアレンタル・コントロール」（親による、子どものゲーム行動の管理）については、

それゆえそれがスタンダードな方策としてオールマイティではない可能性がある。この調査が明らかにするような階層差の明らかな存在から推測できることとして、低階層では（親が例えばケータイ依存で子どもに注意を払うこともないなど）「ペアレンタル・コントロール」ができない可能性があるからである。また、ゲームだけを見て厳しく管理する前に、ゲーム以外の文化資本が家庭にあったり、リアルな言語コミュニケーションが豊かであったりすれば、ゲーム時間は必然的に減少することも示しているだろう[20]。

　ここでやりきれないと感じるのは、ゲーム障害とオンラインゲームのいじめで観察されるのが、コミュニケーション障害で日常の生活世界から疎外された者が、生き延びられる世界を求めコミュニケーションを求めてやってきた先で、さらにコミュニケーションから疎外されるような、被虐の連鎖・反復があるということである[21]。

　ここにおいて、2008 年に起こった「秋葉原通り魔事件」が喚起される。秋葉原事件では、母に厳しくされ、また社会にも受容されなかった加藤智大は、2 ちゃんねるに唯一の居場所を求め、ひと時の自分の場所を得た。しかしそこで自分への「なりすまし」に荒らされて暴れ、追放されるのである。彼は唯一の居場所である 2 ちゃんねるでの承認を再度求めて、リアルの世界で事件を起こし、2 ちゃんねるで承認されようとする。それは現実に希望がなく、インターネット空間が彼にとってリアルな居場所であったという、現実とネットが転倒する倒錯的な状況であった。それゆえ、リアルな世間で重要な場であるような国会議事堂などではなく、2 ちゃんねるにとっての聖地である「秋葉原」を事件の現場として選んだところに、この特性が表れていた。

　なお、ゲーム障害については、課金の問題などゲームのアーキテクチャーに原因がある問題もあり、ゲーム時間のアーキテクチャーによる管理など、ゲーム業界が協力できることもあるだろう[22]。

　ゲーム障害やオンラインゲームの中のネットいじめに伴い、「情報モラル」（「情報社会で適切な活動を行うための基になる考え方と態度」と定義されている）教育の必要性が唱えられている。しかし、坂元（2020）によれば、日本における情報モラル教育は技術主義であり、日本における「インターネット・

リテラシー」（≒「情報モラル」）は、諸外国との比較において、「トラブルの回避能力」を指す言葉としてのみ用いられてきた。すなわち、日本では「デジタル・シティズンシップ」や「サイバー・ウェルネス」、また社会や世界に対する意識や行動の向上が欠けているとする。つまり日本社会におけるコミュニケーション障害の問題は、そもそも日本の若者たちのコミュニケーションが公共性や社会に開かれていないことと繋がっているのであり、さらにはその文脈である社会の側の対策においても、それは社会性を欠き閉じている欠陥をもつという、根本的な構造の問題であることがわかる。

5.　コロナ禍のもとでの差別とデマ

（1）　コロナ禍と「制度化された人種主義」

　子どもや若者についてのいじめを見てきたが、WHO が素早く喚起したように、大人の社会の中でも過酷なコロナ差別といじめが起こっていた。

　コロナは全世界的な現象であり、原発の時の「フクシマ」のように、地域を局所化したものではなかった[23]。しかし、美馬（2020a）が指摘するように、人種主義と結びついた「生政治」が、急性の感染症などを取り出しその多寡によって地理的な境界線を引きその空間的差異を時間的な前後関係に翻訳して歴史の歩みにおいて「進んだ社会」と「遅れた社会」として序列するような事態が起こっていた。感染症は、その対策と結びつく近代制度である「公衆衛生」がもつ人種主義と分かちがたく結びついていることがわかる。

　実際、アメリカにおける黒人のコロナ致死率は「制度化された人種主義」の事実を、エビデンス（致死率やエッセンシャル・ワーカーの割合）をもって明らかにした。それゆえ、その格差にまつわる倫理的な不正義と呼応するように、今回 BLM 運動が全世界的には広がっていったのである。「制度的差別」であるゆえ、平時と非常時のつながりは強く、平時の性暴力が戦時のレイプと連続線上にあるように、日頃の差別がヘイトの形で顕在化したのである[24]。

（2） アルカイックな心性と差別

　よって、問題は、平時の差別や抑圧でもある。

　とはいえここで、非常時にはより顕著に起き上がる暴力や差別を形作っているアルカイックな心性についても、考察しておこう。

　公衆衛生の副産物であった人種主義についてはその後批判され、今回のWHO のように、すかさず反差別キャンペーンを行うようになった。しかし美馬（2020a）も指摘するように、近代的（さらには制度的）人種主義（差別）が攻撃を生み出しているだけでなく、近代以前にもあった、穢れと排除のような、アルカイックな心性も、不安な状況では駆動する。

　社会心理学者の村山（2020）は、人々は日常生活を送る上で、生活を効率的に営むために「ステレオタイプ」を使用したり、因果応報等のルールの下、目の前の世界が安心して秩序だったものとしてあるとする「公正世界信念」[25]に依拠したり、加害者を「非人間化」するといった心理的操作を行っていると述べる。そして、コロナ禍の社会でもそれが利用されていることを具体的に指摘した。

　「行動免疫」という心理的システムによる説明もなされた。自分を守るために、感染のリスクを感知すると嫌悪感を生じ、その対象から回避しようとする行動としての免疫があるというものである。

　また、社会心理学の認知バイアスについての研究で知られる、「認知的不協和理論」、「確証バイアス」（自分が前から持っている信念を裏付けるように情報を解釈すること）、「ダニング＝クルーガー効果」（自分の欠点を見ることができないことによる自己の過大評価）等も、人間が客観的に情報を認識できない理由を説明している。

　それゆえ、そういった人間の困難を理解した上での「リスクコミュニケーション」の必要性が専門家や政治家に求められている[26]。つまり差別や偏見を持ちやすい人間のアルカイックな心性を前提にした、政治的コミュニケーションの技術の工夫である。

　そして社会心理学が指摘する、人々のこのような行動の様相は、メアリー・ダグラスが説明していた、民俗学的（非科学的）なアルカイックな人々の行

動・様相でもあった[27]。

　一方、ここで、ル・ブルトン（1995）やプレッティ（2007）は、リスクの認識についての心理学的バイアスについて「コントロールの幻影」を指摘している。例えば、ほとんどのドライバーは事故の統計値より自分が長生きすると信じるのだが、この「楽観主義」は、単に非科学的心性によるものというより、その人自身の感情の価値に関与するポジティヴな心理作用によるものであり、人の幸福感や安全感と関わっている。精神分析的に言えば、それはリスクに対する主体の「想像的感情」でもある。それゆえ、客観的なリスクの大きい中でも希望を持ち続け前に向かう勇気を持つためには、時にはリスクに対して無謀になるリスクも伴うとはいえ、「幻影」は生きるために必要なものであるとする。

　一方、美馬（2012）は、治療法もない中、社会防衛としてコレラ患者を強権的に隔離しようとした明治政府に対するコレラ一揆のうちに人間主義や民主主義を読み取ろうする民衆史の研究を示しつつも、一方で必ずしも伝統社会を理想化することはできず、伝統社会は伝統社会で「ハンセン病」を「穢れ」として排除する隔離・免疫の民衆の心性があったと述べる。

　西洋のキリスト教社会では、ハンセン病者は宗教的な罪や罰と結びつけられて穢れた人とされ、日本でも、「業病」や「天刑病」として道徳的・宗教的落ち度と結びつけられていた。また江戸末期からのコレラのほとんどは開港地長崎・横浜に端を発したが、感染症への恐怖が西洋人への排斥や反近代社会運動に結びついた近代初期の世界中での動きと同様、日本においても攘夷と結びついた。

　人々は、精神分析で言う「現実界」「現実的なもの」、すなわちこれまで（象徴界で）意味づけられたり処理されなかったものに出会ったとき、アルカイックな方法へと退行しがちである。

　また、プレッティは、統計処理の危険因子のグループ群も、「犠牲の山羊」のようにカテゴリー自体が独り歩きして、私たちの不安が排除されて投影される対象となる危険性を持つことを指摘する。ここでは、科学的記号の乱用によって塗り替えられた疑似科学やカルトのように、近代的統計や数字がアルカイッ

クな心性に利用されていく。

美馬（2012）は、「リスク」という言葉や考え方は、80年代に社会的に受け入れられ用いられるようになったとし、それについては、70年代後半以降、特に統計学的な手法を用いる公衆衛生の領域でリスク概念が多く用いられるようになったことが背景にあることを指摘する。

そして、リスク社会を、「安全性の制度化であるケインズ主義的福祉国家としてのリスク社会から、選択の自由と市場での競争に伴うリスクを積極的に価値づけるネオリベラリズム的なリスク社会への変容」においてとらえ、3・11以降、リスクコントロールの手法としての保険の失効が起こっていることを指摘した。また、「集団的なリスクを確率的に低減させる介入から、個別的リスクの高低（と経済的余裕）に応じて個別的リスクを回避するか保有するかを選択する意思決定へのリスク予防の変容」が起こっていると、3.11の時にすでに今日の現象を予言していた。美馬は、2012年にすでにある種の予言として、以下のことを危惧していた。

> リスクのコントロールや予防的介入の精密化とその帰結の評価のあいまいさを前にして、なおも人々は、リスク社会の中での安心を追い求めて、ある種の起業家的主体として自己責任のもとにリスクをマネジメントし続けるしかないのだろうか。
>
> そうではない。もう一つの可能性として存在するのは、確率論的リスク計算もシナリオ分析も役立たなくなるリスクの不確実性化のなかで、国家や専門家によって提供される「正しい」とされるリスクの解釈に、人々が必ずしも従わなくなるという事態だ。リスクを計算して可視化させていくだけでなく、人々は「愚行の自由」という権利を行使し、そのリスクを解釈し、意味づけ、発信することもできる。そのとき、国家を後ろ盾とした専門家たちやリスクを生み出した産業によって買収された既成のマスメディアによって流される情報は打ち捨てられ、Twitterなどのソーシャルメディアでつぶやかれる「風評」や「デマ」を頼りに、自分なりのやり方での行動を人々が起こし始める。そんなふうにして開始されるリスク社会への「蜂起」を、なんとしても避けるべきリスクとみるか、もう一つの世界に向けて開かれたチャンスとみるかは、立場性による。（美馬2012）

コロナ禍のもとで精力的に発言している美馬（2020a）は、個人化されたリ

スクマネジメントの作法へのメッセージは、何かをすればリスクを下げられるというメッセージによる安心感をもたらすとともに、問題の個人化が、社会全体で取り組むべき医療システムの改善やインフラ整備を退かせ、リスクの高い行動をする人々がリスクマネジメントのできない人々として道徳的に非難される危険を指摘している [28]。

　アジア一般がコロナ感染の低さという良条件に恵まれていることもあるが、欧米に見られるような強い規制を行わず、自粛モードが特に第一波で日本で通用したのは、ネオリベラリズム的な個人的（および日本では会社などの集団的）リスクマネジメントが、日本的な同調社会と結合し、日本的なネオリベラリズム的規制として特殊に強く機能したからだと考えられる。しかし、それはもちろん、リスクマネジメントが不可能な、大勢の可視化されない排除される者（自殺者）たちも同時に生んだ。

　なお、日本でのコロナ差別の背景に、保健所による芋づる式の接触者追跡が関与した可能性も考えられるだろう。

　美馬（2020b）は、現在日本で行われている、取り締まり的な保健所による追跡方式は、もとは、20 世紀前半に、性病の一種である梅毒の対策として大いに活用されたものであるとし、「接触者追跡には、感染者を危険視し、蔑視し、排除する考え方と、上からの高圧的な管理の思想が深く染みついている」と指摘する。日本では結核との格闘の中で地域の保健師による活動とネットワーク、経験が積み上がってきたが、それ自体が貧しく医療資源の少なかった日本の記憶や遺産であったともいえる。

　日本では 2020 年春コロナ感染を抑えられた「日本方式」として絶賛された追跡方式（PCR 検査の抑制と同時に推奨され、それは医療現場の医師からは PCR 検査の不確定性とあいまって支持された）であるが、尾身茂（新型コロナウイルス感染症対策分科会会長）の証言でも見られたように、日本の医療システムの不備による医療資源の欠如から、できることとしてやむなく選択された方式でもあった。

　美馬はこのやり方は人権侵害の可能性が高いことから、（新型コロナ肺炎ではないが）新型インフルエンザ肺炎への対策を記した WHO のマニュアル

（2019年）では「積極的な接触者追跡は一般的には推奨されない」としていると指摘する。また感染が拡大し始めた時期では、人手と労力がかかるばかりで割に合わない医療資源の浪費だというのがWHOの見方であり、患者のプライバシー権や医療者の守秘義務が重視されて人権に配慮する価値観を持つ先進諸国では受け入れられにくく、医療者不足で医療資源の不十分な発展途上国では実行不可能とされていることを指摘する。

　感染症法の「改正」で問題となった「罰則」についても、行政は、「検疫法」を盾に正当化を行った。しかし、検疫自体が「社会防衛」の方法であるといった認識が行政の側にない点で、すでに大きな問題がある。

　でありながら、現在、第一波の時のように全面的封じ込めができないのと、自粛的封じ込めがうまくいかない点で、法改正によって調査に協力しない者に罰則を与えようとすることは、すでに指摘されているように感染経路についての告知を遠ざけてしまう実効性の問題があるだけでなく、上記のような人権侵害的性質を強化する危険性を持つ。

（3）　規範の感情的起源

　公衆衛生と結合する人種主義差別に典型的に見られるのは、ヌスバウム（2006）の指摘するように、差別対象を「動物」として表象することである。

　これは近代以降の人権思想と矛盾しないように、相手を「人」として扱わないこと、人種・ジェンダー差別において見られるように、相手が人間の身体をしていても、「人間」ではない、またはいまだ「人間」になりえていない者、文明化されていない存在として、表象することであった。

　ここにも人類学的なアルカイックな行為実践が見られる。「野蛮」と「文明」、「自然」と「文化」を区別し境界づけるために、前者を「穢れたもの」「汚辱」として遠ざけておくことである。

　科学によって対象を分析し内容を変更するような力が人類にない時には、ひたすらその恐れられた力は遠ざけられ、触れてはいけないものとされていた。死、病、出産等々がそうであり、それに近い存在としての女性、老人、子どもは蔑視されていた。それゆえ、差別の視線には、人間が文明を築く上で通って

きたアルカイックな行為実践と感情があることをヌスバウムは指摘する。

　フロイトは、さらにこの議論を展開していた。フロイトは、子どもや認知症の老人が、自身の排せつ物を汚いものとして扱わず、自分に付随する、自分の「分身」（一部）として弄ぶ行為について、成人した大人はむしろ幼児期のその行為を抑圧しているといえることを指摘する。

　自身の排せつ物はもともと身体の一部であり、ナルシシズムの対象である。それを弄んではいけない、排泄されるべきものとして文化的に衛生的に遠ざけるべきことを、子どもはしつけられ学ぶのである。ヌスバウムが指摘した「嫌悪感」とは、「抑圧」の相関物であり、もともと近しいもの（自身の一部）であるがゆえに、蔑まれ遠ざけられるべきものなのである（フロイトの「不気味なもの」考参照）。

　差別感情が、自身の中にあり認めたくない自身の弱さの投影であるように、衛生に関わる、「自然／文明」の境界線も、人工的である限りで、もともとは自分の近しかったものへのアンヴィバレントな感情（愛着の抑圧や反動としての激しい嫌悪）をはらんでいるのである。

（4）「ヘイト」と「フェイク」の結合

　次に、現在見られるコロナ差別、それが人種主義と結合している「ヘイト」が、「コミュニケーション資本主義」のもとで、さらなる拡大や危険性を持っていることを確認しておこう。それは「ヘイト」と「フェイク」が結合した現象として見られる。

　歴史的には、関東大震災時の朝鮮人大虐殺、ナチ下のユダヤ人弾圧のプロパガンダ等で見られるように、「ヘイト」は常に「フェイク」と結合してきた。

　コロナが起こる前から、日本でも歴史修正主義やバックラッシュが広がっており、フェイクがあるからヘイトがあるというより、ヘイトがその欲望のためにフェイクを生み出してきたという様相であった[29]。樋口（2019）は、「歴史に対する関心を出発点として歴史修正主義や排外主義へと行き着くのではなく、ネトウヨ活動に必要な『動機の語彙』として歴史が選択された」「敵への憎悪がまず存在し、バッシングを正当化する材料として歴史が後から利用され

た可能性」があると指摘している。

　このようなあり方は、メディアのあり方、特に「コミュニケーション資本主義」と呼ばれる私たちの時代と社会の特性にも起因している[30]。

　松本（2019.4.26）の取材によれば、ハーバード大学ショレンスタイン・センター所長のニッコ・ミリは、「フェイクニュースとヘイトスピーチには非常に密接な関係がある」とし、「最も醜いヘイト表現が人間の感情にとって最も刺激が強い」ことを指摘している。またハーバード大学のジョーン・ドノバンは、ナショナリストたちの動向をウォッチしていて気づくのは、「訴えたいはずのナショナリスティックな内容よりも（他者を攻撃する）ヘイトメッセージのほうが異常なまでに膨れ上がっている」ことであると言う。ドノバンは以下のように言う。

　　　過激なヘイト表現を使ったフェイクニュースや「陰謀論」をでっちあげたナショナリストたちはまず、最初はいくつかの「ネタ」をネットに出して人々の反応をチェック。「これはウケがいい」と判断したら今度はそれを「釣り」として自分たちのブログに載せ、「もっといける」と思ったら、動画配信サイトや地上波のテレビで大量拡散を図っている。

　ハーバーマスが近代民主主義を支えるものと依拠した「コミュニケーション」は、ディーン（Dean 2002）が「コミュニケーション資本主義」として批判するように、SNSなどでの人々のコミュニケーションそのものがビジネスの論理にからめとられて設計され、数の論理（友だちや「いいね」の数）に支配されている。膨大な情報の下で「アテンション・エコノミー」（注意経済）を競い合う商品広告はセンセーショナリズムと情動主義に走り、人々の情報の消費も、真実よりは快楽を与えるフェイクニュースへ向かう。

　また、インターネットコミュニケーションの拡大の下で、サンスティーン（Sunstein 2001）の言う「サイバーカスケード」（集団分極化）や「エコーチェンバー」（似たユーザーからの反応に囲まれた閉じた空間を世界と勘違いする現象）、「フィルターバブル」（アルゴリズムが消費者に履歴から見たい情報を優先的に提示し、消費者はバブル－泡の中に孤立する現象）等が起こる。インターネットコミュニケーションが、精神分析で言う「想像性」（理性のコ

ントロールの効かない愛憎中心の情動）を暴走させやすく、人々が抑圧（社会的コントロール）から自由になり情動的・暴力的になりやすいのに加え、インターネットシステムは、生活世界にはあるような社会障壁（生活世界に見るような社会性を維持していた）を崩す仕組みを構築しているからである。

　ここで、災害時のデマという点では、「マスク問題」も含めてさまざまなフェイク情報がコロナの感染の流行直後に出回り、フェイクチェックにおいては、右派と左派の両方のフェイクが確認されている。

　しかしそれでも、「右派メディアは、自分たち独自のメディアエコシステムが必要だと意識的に考えたのではないでしょうか。それとは対照的に、同じようなパターンは左派メディアには見られない」とファリスは指摘する（松本2019.4.28）[31]。なぜなら、左派系の言論サイトはニューヨーク・タイムズやワシントン・ポストのような「伝統的なメインストリームのメディアサイト」と密接につながっており、「すべてではないが、これらのサイトのほとんどは長年のジャーナリズム的規範のもとでしっかりと運営されているか、あるいはそのような規範に沿った批判に対しては敏感に反応」し、「仮に何かを間違えたと判断した際は速やかに軌道修正を行おうとするから」である。

（5）「中立性」という倒錯[32]と「J問題」

　「フェイク」と結合する「ヘイト」をまき散らす右派の人々は、左派メディアに対し、この間、常に（彼らの言う）「表現の自由」を主張してきた。しかし、これに対し、権力をチェックする側のメディアも、間違った意味での「両論併記」的態度を取ってきてしまったと批判されている。

　ここでは、「偽の等価性」という概念における議論も参照できる（大橋2020）。「偽の等価性」とは、必要のない「両論併記」の要請であるレトリックや説得術を指す。この手法は多くの場合、自身が持つ信念を崩しそうな事実を前に、それを納得できずにいる状態（＝「確証バイアス」）に置かれた人によって用いられる。すなわち、自信の思い込みや先入観に固執して確証バイアス（認知バイアス）を持つ人々が、科学性よりも感情と信条による意見に依拠しようとし、科学的事実と主観的信条を同等のものとして議論に載せることを

要求する現象である。

　また倉橋（2019）は、「ネット右翼は、〈メディアリテラシー〉をもつ『情報強者』による『情報弱者』の価値観の相対化という図式」を持ち出すとし、北田（2018）が指摘する、「自らの主張の妥当性の根拠を肯定的に語ること」を必要としない、「逆張り」の論法をとることによって「定義上無敵」になると指摘する。弱者は、バトラーの言うように、権力者のレトリックをずらしながら反復することで抵抗するが、ここでも、ある意味で文化資源のない彼らが「抵抗の形式」を使っていると言える。ただし、社会運動に見られるユーモアや倫理性に欠ける、ただのゲームである。

　松本（2019.4.28）は、トランプは、地球温暖化対策の国際ルール「パリ協定」からの離脱を表明し、地球温暖化問題については「経済を台無しにする」などの理由から一貫して冷ややかな態度を取ってきたが、トランプ政権のこうした強気の姿勢も影響してか、「科学的コンセンサスがすでに確立されていたにもかかわらず、ニューヨーク・タイムズやワシントン・ポスト、ウォールストリートジャーナル、ロサンゼルスタイムズなどの大手各紙は『気候変動は人為的なものである』という（正しい）報道だけでなく、『気候変動は人間の活動によって引き起こされたのではない』とする反対意見のためのプラットフォームも用意してしまった」とファリスの批判を紹介している。

　日本では、「中立」という名の下で、安倍前首相がテレビの報道番組による権力批判を封じ込めた事件は周知の事実である。しかし、全般に日本社会やメディアにおいて、政治批判や社会運動をバイアスをもって眺める「中立性」がマジョリティ化し、権力批判やチェックのみならず、政治的議論そのものも近年、封じ込められてきている[33]。

　遡れば、3.11 の頃に見られたのは、ネットの中での（放射能に対する）「安全厨」「危険厨」の対立に対して、マウンティングした「中立厨」という構図であった。現在見られる言説は、「マウンティング」「冷や水的発言」に見られる、政治の排除の行為である（樫村 2020a 参照）。

　そもそも政治的批判や運動とは、その時代や社会の「大文字の言説」（主要な言説）への批判であり、多数派に対しては少数派の立場となる。また、「大

文字の言説」は社会の理想や人びとの欲望を含むため、それへの批判は、一定の情動性もはらむ。それゆえ、政治的批判は、構造的に、「批判だけしていても無意味」とか「感情的で理性的でない」と批判 - 否定されやすい。

　また、欧米では言説の中身をめぐる反批判の議論が可能なのに対し、日本では政治的批判への批判 - 反動は、正しさをめぐる言論の対立というよりは、言論の「内実」でなく発言者の力能＝権力をめぐるマウンティングになりやすい。さらに、観客である他の人々も、そこで議論の土俵を作るよりは、排除されない側がどちらかを見極め「勝ち馬」に乗ろうとする。

　こうして、日本では、政治的言説は、左派の力が弱くなると排除されやすくなる。右派は左派と言論の中身で論争するのではなく、マウントにおいて多数を取り左派を排除することしか考えていない。ここでの「中立」の文脈は、真剣な科学的議論ではなく、ただの「マウント」の場であり、ひどい場合にはフェイクによる闘争である。彼らは文脈を廃した部分的な知識や情報の「絶対的正しさ」を主張するのみで、結果的には現実の行動からは退避する。

　不確実なリスクをもった原発、コロナ等は、科学的には解決できず市民的解決が不可欠であるという意味で共通している。社会と超絶した「別の（来るべきさらなる？）科学性」「冷静さ」を主張する、精神分析的に言えば「倒錯的な言説」としての「中立性」は、現実を否認する行為であり、社会においては有害でしかない[34]。

　しかし、香山リカによれば、こんな状況においても希望があるだろう。香山は、「二年前の夏ごろから起きている YouTube の動画削除」の動きについて指摘する。

　　　もうすぐ1000チャンネルが凍結され、これまで40万本の動画が消えました。それはヘイト動画を YouTube に報告すれば消してくれるというのがわかったから。それを多くの若い人たちが、自分たちは左派でもリベラルでもない、ただおもしろいからやっている。
　　　動画削除に励んでいる人たちは、私たちはおもしろいからやっているだけで、正義と言われたら嫌だと。でも彼らはそれぞれ学習していて、多くの無名な人の学習した知が積み上がっていっている。（佐藤・香山 2020）

　世界的なBLM運動も気候変動に対する運動も、現在若者たちによって支えられている。隔離され差別発言がデフォルトだった時代ではなく、個人化の時代、黒人やLGBTの友人を同じ人間として隣人や友人としてすでに経験的に接触してきた若者たち、既得権を持たない若者たちが、本当に幸福な関係のあり方を求めて動きつつある。フェミニズム運動においても、Me Too運動は第4波フェミニズム（SNSによる連帯）と呼ばれる新しいフェーズを生み出しつつある。

6. 新しい社会におけるコミュニケーションの可能性

（1）「人間主義の非人間性（閉ざされ）」と「脱人間主義の人間性（開かれ）」

　最後に、「人新世」と呼ばれる、新しい社会と思想の動きの中で、コミュニケーションの新たな可能性を考えておきたい。そのカギは、まさに「コミュ障」の側にあるからである。

　宮台（2020）は、新しい社会の可能性を以下のように示唆する。

> 　インターネット元年である1995年の10年以上前から、世界各所で、汎システム化による共同身体性・共通感覚・言語的共通前提の崩壊が、「感情の劣化＝言外・法外・損得外への閉ざされ」を招いていた。（中略）
> 　コロナ禍は必然的にテック化を後押しする。本来20年かかる過程が数年に短縮される。（中略）そのことが「共同身体性・共通感覚・言語的共通前提」の崩壊による顕著な分断を加速しよう。

　宮台はこうして、「共同身体性・共通感覚・言語的共通前提」の崩壊によるクズ化＝「言葉の自動機械化・法の奴隷化・損得マシーン化」により、倫理は脱落すると指摘する。「もともと日本には倫理がなく、日本的共同体のキョロメ作法が倫理の代替物を提供してくれていたところに、共同体の空洞化が生じてアノミーが生じている」ため、日本は劣化を国際的に「先取り」し、「課題先進国」化する。

　負担免除（技術）によって人間がもっと多くの選択肢を得ることを良しとする「人間中心主義」が、負担免除の装置であるシステム（市場＆行政）の見通し難い複雑化をもたらした結果、人間がシステムの入替可能な部品になり下がる「非人間性」を招き寄せたのだ。（中略）

　単なる合理化だとされたシステム化（第一次郊外化まで）が、汎システム化段階へと進化した80年代以降になると（第二次郊外化以降）、人間が選択の主体であるがゆえ「人間主義の非人間性（閉ざされ）／脱人間主義の人間性（開かれ）」という逆説への気付きに至る。

　こうして、宮台は、「人間主義の非人間性（閉ざされ）／脱人間主義の人間性（開かれ）」を提唱する。

　ただし、宮台の議論では、コミュニティの自明の繋がりを超える、どういう新しい「開かれ」があるのかは明らかではない。この点について、新たな観点の可能性を次に見ていこう。

（2）　コロナ禍のもとで可視化される「身体」

　本項では、「人新世」の思想と呼応する、「脱人間主義の人間性」の可能性を、精神分析の議論や、ASD等「コミュ障」の視点から新たに分節しうる観点を示唆したい。

　オープンダイアローグを提唱しつつある斎藤（2020）は、コロナ社会のもとで考察し、人と人が出会うことを「臨場性」という概念で示して、その特徴を「暴力、欲望、関係」において記述した（このどれにも関わるのが「身体性」である）。コミュ障が苦手なのも、この「身体性」である。私たちは、自明であったこの「臨場性」をやっと対象化し始めたのである。

　斎藤（斎藤・東畑 2021）は、コロナ禍で「親密性」が再定義され、「三密」（密閉・密集・密接）がないと親密性は醸成されにくいのではないかと実感したとする。「対面」には、その「暴力性」ゆえに、「集団の意思決定を促す力」「関係性や欲望を賦活する力」があるからである。

　しかし、ここでの「身体」とは、ベタな「唯物論的」身体そのものを指すものではない。人が「存在しない足」に痛みを感じたり、ロボットに人の身体性

を感じるように、物理的身体は、人間の身体と感覚や運動器官を通じて統合され、精神分析の言説で言えば「想像的なもの」(イメージ) として存在する。

またここで、最も身体と自己の関係が不全であるとされる、ASD (自閉スペクトラム症) においてさえ、「社会モデル」の可能性を最近、指摘している熊谷によれば、ASD はミラー・ニューロン・システムの障害により他者の模倣やバイオロジカル・モーションができないとされてきたが、そうではなく、状況に応じて模倣を制御する機能に問題があるだけなのだと考えられ始めている (熊谷 2020b：118)。

すなわちこの場合において、自己運動制御に利用する神経回路が他者の意図的運動の同定に流用される時、類似した運動パターンを持つ者同士であれば、相互の運動の同定ができる可能性があり、ASD 当事者の綾屋は、健常者の場合の模倣は苦手だが、聞こえない人や脳性麻痺の人たちとの身体の動きが自分のものに近いと感じ模倣したい気持ちに駆られたという。

つまり、ここで斎藤が言う「身体」も「臨場性」も、「健常者」「定型性発達」のマジョリティの私たちの特異な身体なり臨場性でしかないかもしれないということである。

もちろん、「範疇化」が苦手な ASD に比べ、私たち定型発達者の方が世界への可塑性に圧倒的に開かれているとこれまでも考えられてきたし、そのように考えやすい。

しかし、ASD が別の領域では天才的な創造性を発揮するように、また、現在、世界自体が「自閉症化」(竹中 2020) し、定型発達者にとってデフォルトであるどころか、ASD がデフォルトの「自閉症社会」が構成され始めている中で、身体も臨場性も複数性を持ってくる可能性があるのである。

例を挙げよう。2020 年の春学期、ゼミでずっと Zoom での授業をしてきた筆者は、後期、ゼミメンバーの 3 年生に初めて会った時、ずいぶん彼らの身体の印象が違うなと感じた。

すでに昨年度会っていた 4 年生 (はもちろん誤差はなかった) と比べて、初めて会う 3 年生のその印象の差には驚いた。身体の大きさ、声の感じ、身体の立ち振る舞い、また集団の中での表情や行動特性等は、Zoom 画面の時とは異

なり、Zoom では得られなかった身体的なさまざまな情報を筆者に告げた。やはり、会って「身体性」を確認しなくてはいけないとつくづく思ったのである。実際会うことの中に「真実」の情報があり、Zoom だけでは、言ってみれば、間違ってしまうと。

　しかし、そう思った直後、筆者はさらに立ち止まった。

　上記のような考察は、必ずしも、教室で会う身体が「本物」で、Zoom で会った身体が不十分で「偽物」であるということを意味するわけではないのではないか。

　例えば、Zoom の授業の中で生き生きと見えていた学生が、教室で緊張している様子が見えたからといって、教室のその学生の状態が「真実」であると言えるのだろうか。

　ASD の人が、通常のマジョリティの空間で生きづらくて身構える身体とそれはどこが違うのか。ASD の人は、マジョリティの感情規則に抑圧されているだけかもしれない。

　筆者自身についても実際、教室の方が授業がやりやすい部分もあれば、Zoom の方がやりやすい部分もあった。筆者が学生の身体からやってくる情報に妨げられたりしないということは、必ずしも、筆者が学生が見えてなくて授業を一方的にしていると批判される事態であるとは言い切れないだろう。

　この経験は、教室等 FTF（face to face）空間が一義的であったり唯一であったりはしないことにより、コミュニケーションのチャネルが複数化することや、障害者の人々の異質な身体のあり方を理解し別様のコミュニケーション・チャネルを受容することとつながっているのではないだろうか。

　つまり、教室空間では、「コミュ能力」が高そうな、身体と場をコントロールする学生がその場を支配し、ゼミ長などで活躍しそうな状況があり、インターネット空間（Zoom）がそれを隠蔽していたということではなく、2 つの空間は等価なものとしても存在しうるということである。

（3） 複数の身体とコミュニケーションの可能性 ―「トラウマ」概念の再考 ―

　そして、熊谷や綾屋らの当事者研究では、精神医療で DSM-V にも記載されている、精神医療において客観的な概念とされている「トラウマ」は、社会モデルであることが確認されている[35]。

　熊谷は以下のように述べる。「人は、予測を洗練させていくことで、世の中の見通しを立てていくことができるようになる。逆に言えば、人は予測誤差をなるべく避けようとする。」「トラウマとは、かなり強い予測誤差を経験したときに生じるのではないか。」予測誤差を避けるような行為とは、フロイトが「快感原則」という言葉で語っていることである（フロイトは快楽をもたらした乳房の再発見が子どもを安定させることを示した）。

　ここでしかし、なのに人は予測誤差をわざわざ自ら求めに行くといった、正反対の行為と心性を持つ。もっとも予測誤差が生じないのは、暗い部屋でじっとこもっていることなのに（国分・熊谷 2020）。

　この事態は熊谷らによって以下のように説明される。

　　　予測誤差の記憶は痛い。範疇化を逃れた一回性のエピソード記憶の形式を取る。そこで類似したエピソードを記憶する他者との分かち合いにより、トラウマ記憶ではなくなる。ところがそういった他者がいなかったり媒介する言語がない時、それはトラウマとなり、その人の覚醒度が落ちたり、何もすることがなくなった瞬間に、蓋が開きやすくなる。記憶の蓋を開けないために、覚せい剤とか鎮静剤に浸る、仕事に過剰に打ち込むなど覚醒度を 0 か 100 にしている。

　ラカン派でも、トラウマは「現実界」として語られ、それに関与し、人々を救済する「象徴界」（「現実界」を理解可能なものとして記述した領域）は社会的なものとして想定されている。

　しかし、ラカンの象徴界は言語的なものであるゆえ、このケースではいわば、象徴界のある種の「非言語化」が起こっているともいえるだろう。もちろん、熊谷たちが主唱する当事者研究は、定型者にも通じるためにも言語化は必須なのだが、しかしその前に、非定型者同士での非言語的なコミュニケーションの可能性や共通了解性があるとすれば、トラウマは、必ずしも通常の意味で

言語化されずともそこでは解消される可能性もあるということである。トラウマはこうして定型者の社会から言えば脱象徴化されることで逆により広い文脈を獲得した「社会的なもの」となるともいえる。

　社会学者の澤田（2018）はトラウマについて以下のように説明する。

　「私たちの身体は『地（文脈）』に呼応した『態勢（図）』を前反省的に体現しており、そうした変化を通じて身体レベルでの意味把握を一体的におこなっている」ゆえに、「何ごとかにうまく態勢（図）をつくれないという齟齬は、意味の空白（傷）をつくる可能性」があり、それは、「過去のあるできごとをめぐる感情（図）を理解し、意味づけるための文脈（地）が、その過去の地点では存在しなかった」ことを意味する。そして人は、「『どうして私はあんな目にあったのか』『私が悪かったのか』『どうして、どうして』……そういう言葉にならない、答えのない声を発し続け、『あの経験（空白図）』を意味づけるための文脈（地）」を欲し続ける。このような状態が「心的外傷」である。ここでもトラウマは、社会の中で獲得される「身体的図式」においてとらえられている。しかもその身体は定型者を超えたものとして澤田によって想定されている。

　ここでそもそも「トラウマ」とは客観的医療概念というより、社会的・政治的な文脈を持つ境界概念であった。それはDSMの中でも必要に駆られてベトナム戦争の被害者や性的虐待の被害者のために社会的に構成された概念であった。DSMにおける「鬼子」だったのである。しかしここで見るように、それゆえ「トラウマ」は倫理的概念であることがわかる。

　ファッサンとレヒトマン（Fassin et Rechitman, 2007）は、1998年のアルメニアの地震と2001年のテロをきっかけに始まった国際的精神医療支援は、可視化されていない人々の剥奪について倫理的な主張を聞く営みとして「トラウマ」という概念が有効に機能してきたことを指摘していたのである（詳しくは、樫村2012）[36]。

注

1)　本章では、ひきこもりや不登校、ASD、精神疾患だけではなく、それにつながる傾向を持つ「コミュ障」の人々まで広く対象として考える。なお、「コミュ障」をめぐる詳しい議論については、樫村（2019）の第2章を参照されたい。

2)　また、もちろんここには、ひきこもりや不登校の人々ではなくても、通学・通勤からの解放というメリットがあった。これについては、ひきこもりや不登校のように学校との折り合いの悪さがある人々だけでなく、日本の場合、通学や通勤に相当の時間がかかり、満員電車など通学・通勤そのものにもストレスがかかるなどの問題があり、この点で、通学・通勤のストレスからの解放として、コロナ禍の影響があった（一方で、狭い家でのオンライン会議も含めた在宅勤務の場の確保、家での小さい子どもの保育、不登校やひきこもりにとって家族が家にいることの抑圧など、さまざまな問題もあった）。

3)　神谷（2021）が指摘。また、佐久間・樋口（2020）は、自粛生活による依存の増加を報告している。

4)　熊谷（2020a）は以下のように述べる。「社会が変わると、障害者の定義も変わります。人間は常に、機械ではできない仕事をしてほしいという圧力が働きます。ですから、テクノロジーの進歩によって機械の能力が増しても、機械と同じ、もしくはそれ以下の仕事の仕方は障害化されてしまう、残酷な歴史があるわけです」。ASDの増加は、こうして、せっかく障害者をサポートする機械化が進んでも、現在の「コミュ力の尊重」に見られるように、ますます障害者が過酷に排除されていく社会になるという逆説的文脈で起きている。そしてポストコロナ社会はこれを加速する。

　　なお、青少年の課題については、自粛生活により、「自立の課題を進めるうえでの物理的距離という促進因子が削がれた」「目的志向的でない人間関係は、青年期の成長課題に重要な役割を果たしている」（のにそれが奪われた）とする指摘がある（渡邉2020）。

5)　西尾（2021）は、自身の岐阜大での学生相談で、学生が出せない課題レポートをどんどんためていき、ゆうに100本となって苦しめられていた様子を報告している。

　　その他、経済的困難等は、樫村（2020b）も参照。

6)　もちろんLMSでの教員の指示の変更ごとに、学生にメールが届くことにはなっていたりするのだが、30分等の遅れは存在する。

7)　外川（2021：30）でも同様のケースが報告されている。

8)　一方では、「自分の好きなように時間を使えるので充実している」といった回答も少数ながらある。

9)　Zoomにおいて「チャット」の活用という手がなくはないとはいえ、教室でばったり出くわし同じ教室にいるという状況に比べれば、そこには人為性や作為性があるだろう。

　　それゆえ、自律分散型組織での自己組織的教育に、国外からZoomでの方法を利用してきた田原（2017）は、遠隔授業の欠陥をZoomで埋めるとともに、意図的に「雑談タイム」を

協同学習のサポートのために導入してきた。

10)　1年生では、端的に「友達が欲しい」という声もあり、また、「（秋になって）対面授業が始まって、遠隔授業よりも対面授業の方が楽しく、理解度も高いと感じました」「（秋になって）やっぱり直接会った方が楽しい。Zoom でみんなと話すのも楽しい。けど、やっぱり一人でいる時間が長いと寂しい」といった声が見られた。

11)　そもそも学校は、次世代の若者を教育するだけでなく、管理の観点で社会的に囲い込む機能ももっていた。

12)　日本において就活は、「人格採用」「就社採用」と呼ばれるように、欧米型のジョブ型採用と比べて不分明で対人要素が強く文脈依存的である。それゆえ教育に比べれば創造的・可塑的要素は少なくても、やはり文脈や場の構造に依存しやすく不安をつのりやすいと考えられる。

13)　単に「学校＝教室」だと私たちは考えていたために、コロナ禍の休校を決定し、その影響を十分予測していなかったともいえる。それゆえ、子どもたちの悲嘆とそれを憂う保護者からの声の大きさにびっくりもしたのである。秋以降の「面接授業」への「反動」の背景はここにある。

14)　もちろん仕事の種類によってはさまざまなケースもあるだろう。上司と部下のコミュニケーションやクライアントとのコミュニケーションにおいて、身体や文脈を介したものとは異なる齟齬が生まれることは当然想定できる。日本の労働環境は、一人ひとりの労働者に仕事が割り振られているのではなく、チームでの仕事ゆえ、仕事の中身と量は曖昧である。

　　それでも、チーム全体での仕事の量は、教室での授業のやり方に比べれば明確で一定だろう。

15)　そして、「遠隔授業では、教室で場を共有することに由来する共通感覚や、……身体を介したコミュニケーションに由来する即応性（間延びとは違う『間』も含んだテンポ感）や応答性（タクト）を教師は封じられ」る（同）。

　　また教師側の問題については、以下のように指摘する。「逆に、見えないことに鈍感になって、それがお互いにいい感じの距離感と解放感をもたらすこともありますが、子どもの反応がもたらすブレーキがかからず、早く進めすぎてしまうこともあるかもしれません」。

16)　「『個別最適化された学び』などが投げかけていたのは、『共同体としての学校』という日本的特質の再検討であった」とも指摘する。

17)　一方で、横浜市で 2015 年に行った調査では、人間関係の広がり等ポジティヴな結果もあったとされるが。

18)　宮台他（1993）は、全共闘世代における「大きな物語」の崩壊以後、人々（特に新しい世代としての若者）の共通了解が、「大きな物語」から流行やモード、商品に媒介されるように変化し、流行に敏感なコミュ力の高い「新人類」が誕生するとともに、コミュ力の欠如で落ちていった者が「おたく（のちにオタク）」になったとした。教室空間では、これは「ス

クールカースト」につながる系譜であり、「コミュ障」を生み出した構造である。

19) 加納（2020）参照。

20) もちろん、ここで、階層が高くても、家庭内コミュニケーションに問題があったり、親にアルコール依存や家庭内DVがあるケースもあり、必ずしも、階層と家庭の幸福やコミュニケーションが比例しないこともある。しかし一般的には、低階層、とりわけ現代社会における貧困は、家庭での困難を伴わせるだろう。

21) また、貧困家庭には、DVや虐待など、彼らを支えるどころか人とのコミュニケーションへの信頼を失わせる困難があることが観察されている。

22) ゲーミフィケーション（ゲーム化・ゲーム利用）によるゲーム抑制という方法もある。「forest」や「スマホをやめれば魚が育つ」のような「育成ゲーム」と呼ばれるスマホ依存回復支援アプリを使用する方法である（長谷川・越野2020）。

23) もちろん「中国ウィルス」といった差別表現やアジア差別はあったが。

24) それゆえ、フェミニズムにとっても、災害時の避難所におけるレイプ問題と同様、コロナ禍での家の中でのDV問題は最重要項目であった。

25) ウェーバーの言う「神義論」を想像させる。

26) 吉川（2000）は、リスクを重大性と生起確率の二つの要素から評価する専門家の判断と、一般の人が「未知のものがリスクが高い」とする判断の、両者の乖離について指摘し、この認識の上での「リスクコミュニケーション」の必要性を指摘する。

27) 樫村（2012）参照。

28) リスクコントロールの個人化は、平井（2015）が指摘する、「ハームリダクション」のネオリベラリズム化と同様、分断と排除を生む可能性に注意すべきだろう。日本の医療資源やシステムの貧困が指摘されているが、公的セクターであるべき医療や教育で日本は民間組織が多く、それは国家管理からの自由を生んでいるようでいながら、逆に、ネオリベラリズム化の分断と排除の加速の条件にもなっている。

29) 野間・安田（2021.1.20）も参照。

30) 樫村（2021）参照。

31) シェーファー他（2019）は、北田（2018）の言う「つながりの社会性」によって、「シニカルで自己目的化したコミュニケーション」が行われ、「断片的で脈絡がなく、イメージや発言はくだらないものでしかない」ために、「右派がつながるための行為」としてまさに現在のコミュニケーション状況が生きているとする。そこでは「反日というレッテルは、フレーム架橋するための『空虚なシニフィアン』として機能」しているという。

32)「中立厨という倒錯」については、樫村（2020a）を参照されたい。

33) あいちトリエンナーレをめぐる開催停止問題において、もっとも重要な日本軍「慰安婦」問題が排除され、いわゆる「#Jアート」問題として終始していってしまった経緯については、樫村（2021）参照。

34）　詳しくは樫村（2020a）参照。

35）　その先には、精神疾患概念や精神医療さえ、「神経学的多様性」のもとで脱構築されていく可能性があるだろう。「自閉症学」（野尻編 2019）が「定型発達のための学」だとする規定はそれを示唆している。

36）　また、岩井（2020）は、フクシマについての事例を参照しつつ、日本では不安を語ることについての抑止力が強く、「根拠なき不合理な不安は科学的根拠によって払拭される」等、不安について聴かれないとする。「リスク・コミュニケーション」の不在（さらには倫理の不在）と呼応しているだろう。

参考文献

愛知大学社会調査実習樫村クラス（2021）『愛知大学社会調査実習樫村クラス 2020 報告書　東三河におけるオープンデータの活用』愛知大学文学部社会学コース

浅田瞳・原清治（2019）「高等学校におけるネットいじめの啓発効果に関する実証的研究」『佛教大学教育学部学会紀要』18

Dean, J., 2002, *Publicity's Secret: How Technoculture Capitalizes on Democracy*, Cornell University Press.

土井隆義（2020）「ネット社会の関係病理──つながり依存といじめ問題」『こころの科学』211

Fassin Didier et Rechitman Richard, 2007, *L'Empire du traumatisme: Enquête sur la condition de victime*, Flammarion.

橋元良明（2020）「インターネット時代の子どもたちの『絆』」『こころの科学』211

長谷川達人・越野亮（2020）「スマホ依存の予防・回復支援アプリに関する研究動向」『公衆衛生』84

樋口直人（2019）「ネット右翼の生活世界」樋口直人他『ネット右翼とは何か』青弓社

平井秀幸（2015）『刑務所処遇の社会学』世織書房

いのち支える自殺対策推進センター（2020）「コロナ禍における自殺の動向に関する分析（緊急レポート）」 https://3112052d-38f7-4601-af43555a2470f1f.filesusr.com/ugd/0c32a8_91d15d66d1bf41a69a1f41e8064f4b2b.pdf（2021 年 11 月 15 日アクセス）

石井英真（2011）『現代アメリカにおける学力形成論の展開──スタンダードに基づくカリキュラムの設計』東信堂

石井英真（2020）『未来の学校──ポスト・コロナの公教育のリデザイン』日本標準

岩井圭司（2020）「不安を聴き／語ることの『制度化』について」『精神科』37-6

神谷俊介（2021）「学校・家庭の変化と子どもの心」『こころの科学』215

加納寛子（2020.9.11）「コロナ感染者への差別と『いじめ』の構図──大人の偏見が子どもに影響、ネットでもいじめも憂慮」『WEBRONZA』 https://webronza.asahi.com/national/

articles/2020090400008.html（2021 年 11 月 15 日アクセス）

樫村愛子（2012）「3・11 以後の『不安』とリスク文化」『現代思想』40-4

樫村愛子（2019）『この社会で働くのはなぜ苦しいのか』作品社

樫村愛子（2020a）（2020.6.5）「政権への批判が『感情的』『誹謗中傷』とされる、日本の倒錯的状況」『現代ビジネス』 https://gendai.ismedia.jp/articles/-/73009?imp=0（2021 年 11 月 15 日アクセス）

樫村愛子（2020b）（2020.6.30）「コロナ禍の大学、教員コミュニティが映す現実——Facebook に 2 万人、オンラインの情報と知恵を共有」『WEBRONZA』 https://webronza.asahi.com/national/articles/2020062500006.html（2021 年 11 月 15 日アクセス）

樫村愛子（2021）「新自由主義およびコロナ禍社会における『対話』の位相」『社会文化研究』23

加藤敏（2020.12.11）「コロナ危機において初めて発症、あるいは再発した精神障碍——自殺予防に向けて」 https://www.covid19-jma-medical-expert-meeting.jp/topic/3848（2021 年 11 月 15 日アクセス）

河邉憲太郎・堀内史枝・上野修（2019）「青少年におけるインターネット依存の現状と関連する心理・社会的問題」『精神神経学雑誌』121

Kim, J, et als.（2017）A path model of school violence perpetration: introducing online game addiction as a new risk factor, *J Interpers Violence* 32（21）.

北田暁大（2018）『終わらない「失われた 20 年」——嗤う「日本のナショナリズム」・その後』筑摩選書

熊谷晋一郎（2020a）「液状化した世界の歩き方」石田祐貴他『私の身体はままならない』河出書房新社

熊谷晋一郎（2020b）『当事者研究——等身大の＜わたし＞の発見と回復』岩波書店

倉橋耕平（2019）「ネット右翼と参加型文化——情報に対する態度とメディア・リテラシーの右旋回」樋口直人他『ネット右翼とは何か』青弓社

国分功一郎・熊谷晋一郎（2020）『責任の生成 —中動態と当事者研究』新曜社

Le Breton, D.（1995）*La sociologie du risque*, PUF.

正木美奈他（2020）「コロナ禍の不安症クリニック——COVID-19 が人間性回復ルネッサンスを招く」『精神科』37-6

松本一弥（2019.4.26）「ハーバード大学 VS フェイクニュース——『フェイク』と『ヘイト』が結びついた現実に真っ向勝負を挑む」 https://webronza.asahi.com/business/articles/2019040100004.html?page=1（2021 年 11 月 15 日アクセス）

松本一弥（2019.4.28）「『右派メディアが突出した二極化』が進んだ米国——ハーバード大学のロバート・ファリス氏が大著の中で明らかに」 https://webronza.asahi.com/business/articles/2019040300001.html（2021 年 11 月 15 日アクセス）

美馬達哉（2012）「リスク社会 1986/2011」『現代思想』40-4

美馬達哉（2020a）『感染症社会 ── アフターコロナの生政治』人文書院

美馬達哉（2020b）（2020.3.18）「新型コロナ危機、日本政府の『対策』に抱いた恐怖 ── 中国の接触者追跡 99%が意味すること」『現代ビジネス』　https://gendai.ismedia.jp/articles/-/71168?imp=0（2021 年 11 月 15 日アクセス）

宮台真司（2020）「崩壊する日本の『絶望』と『希望』」、森達也編著『定点観測　新型コロナウィルスと私たちの社会』論創社

宮台真司他（1993）『サブカルチャー神話解体 ── 少女・音楽・マンガ・性の 30 年とコミュニケーションの現在』PARCO 出版

村山綾（2020）「コロナ禍における差別と不寛容 ── 社会心理学の視点」『都市問題』7 月号

中山秀紀（2019）「久里浜医療センターでのインターネット依存症治療」『精神神経学雑誌 』121

日本精神神経学会、日本児童青年精神医学会、日本災害医学会、日本総合病院精神医学会、日本トラウマティック・ストレス学会（2020.6.25）『新型コロナウイルス感染症（COVID-19）流行下におけるメンタルヘルス対策指針 第 1 版』　https://www.jspn.or.jp/uploads/uploads/files/activity/COVID-19_20200625.pdf（2021 年 11 月 15 日アクセス）

西尾彰泰（2021）「新型コロナウィルス感染拡大に伴うメンタルヘルスケアの実態と課題」『連合総研レポート』362　https://www.rengo-soken.or.jp/dio362_2.pdf（2021 年 11 月 15 日アクセス）

野尻英一編（2019）『〈自閉症学〉のすすめ：オーティズム・スタディーズの時代』ミネルヴァ書房

野間易道・安田浩一（2021.1.20）No Hate TV vol.104「アメリカ内戦」　https://www.youtube.com/watch?v=yQD-nw97iuk&t=72s（2021 年 11 月 15 日アクセス）

Nussbaum, Martha C. (2006) *Hiding from Humanity: Disgust, Shame, and the the Law*, Princeton Paperbacks＝（2010）『感情と法 ── 現代アメリカ社会の政治的リベラリズム』河野哲也監訳、慶應義塾大学出版会

大橋完太郎（2020）「附論『解釈の不安とレトリックの誕生』」2018 McIntyre, L. C., *POST-TRUTH*＝『ポストトゥルース』大橋完太郎監訳、人文書院

太田省一（2016.4.18）「ネット的な笑いの時代は来るのか ── 『PERFECT HUMAN』がウケた理由」（WEBRONZA）　https://webronza.asahi.com/culture/articles/2016041400007.html（2021 年 11 月 15 日アクセス）

大塚耕太郎・三條克巳・福本健太郎他（2020）「コロナ蔓延とうつ・自殺」『臨床精神医学』49

Peretti-Watel, P. (2007) *Sociologie du risque*, Armand Colin.

坂元章（2020）「子どものためのインターネット・リテラシー」『こころの科学』215

斎藤環（2020.5.30）「人は人と出会うべきなのか」　https://note.com/tamakisaito（2021 年

11 月 15 日アクセス）

斎藤環・東畑開人（2021）「セルフケア時代の精神医療と臨床心理」『現代思想』49-2

佐久間睦貴・樋口進（2020）「巣ごもり（自粛生活）と依存」『臨床精神医学』49

佐藤優・香山リカ（2020）『不条理を生きる力 —— コロナ禍が気づかせた幻想の社会』ビジネ
　　ス社

澤田唯人（2018）「人の気持ちはどこからくるの？」綾屋紗月編著『ソーシャル・マジョリティ
　　研究』金子書房

シェーファー・ファビアン他（2019）「ネット右翼と政治 —— 2014 年総選挙でのコンピュータ
　　仕掛けのプロパガンダ」樋口直人他『ネット右翼とは何か』青弓社

Sunstein, Cass R.（2001）*Republic. com 2.0,* Prinston University Press＝（2003）『インター
　　ネットは民主主義の敵か』毎日新聞社

田原正人（2017）『Zoom オンライン革命！』秀和システム

竹中均（2020）『「自閉症」の時代』講談社現代新書

外川知恵（2021）「コロナ禍におけるキャンパスライフの実際」『こころの科学』215

渡邉慶一郎（2020）「コロナ蔓延期の学生のメンタルヘルス」『臨床精神医学』49

吉川肇子（2000）『リスクとつきあう —— 危険な時代のコミュニケーション』有斐閣選書

第 **3** 章
コロナ禍におけるコミュニケーションと映像メディア

1. #PlayApartTogether：コロナ禍におけるゲーム推奨の是非

　新型コロナウイルス感染症の蔓延（COVID19 パンデミック）に伴う外出自粛状況において、ゲーム利用時間が増加したことが、各国で明らかにされている。米国を拠点とする電気通信プロバイダー Verizon は、米国で部分的な封じ込めや集会の禁止、リモートの推進が行われ始めた 2020 年 3 月 10 日前後から 1 週間程度で、オンラインゲーム活動が 75％増加したと報告した。

　またビデオストリーミングは 12％増加、Web トラフィック全体は約 20％の増加（ソーシャルメディアの使用量は横ばい）であった（Shanley, 2020）。イタリアの大手電気通信プロバイダーであるテレコム・イタリアは 3 月、学校・ショップ・レストランの閉鎖により、国内ネットワークを通過するデータ量が 2 週間で 3 分の 2 以上増加し、その多くは「Fortnite」や「Call of Duty」などのオンラインゲームによるものであったと報告した（Lepido & Rolander, 2020）。米国の Valve Corporation が提供する大手ゲームプラットフォーム Steam は、このコロナ禍に同時アクティブユーザー 2,000 万人以上を記録し、同サービス 16 年間で最多となっている。StreamElements and Rainmaker. gg（2021）による分析によれば、ゲームジャンルのライブストリーミングプラットフォームである Twitch の総配信時間は、2020 年 1 月から 2021 年 1 月にかけ、9 億 4,100 万時間から、20 億時間超へと 117％増加し、Facebook Gaming は 2 億 100 万時間から 4 億 3,900 万時間へと 118％増加した（いずれ

も 2020 年 3 月から 4 月にかけ大幅に増加している）。Balhara et al.（2020）によるインドの大学生の分析（n=128）の結果、50.8％がロックダウン期間中に「ゲーム行動が増加した」と報告した。筆者ら研究グループが第 1 次緊急事態宣言から 1 週間後の 2020 年 4 月中旬に実施した調査（n=3,170）では、感染拡大以前と比較してゲームで遊ぶ時間が増えたと回答した率は、10 代（15 歳～ 19 歳）が 38.1％、20 代が 25.7％、30 代が 14.7％、40 代が 10.7％、50 代が 3.1％、60 代が 4.6％であった（橋元ら、2020）。

　2020 年 3 月下旬、世界各国のあらゆる地域で行動規制が行われ、特に欧州の多くの国で全国的な都市封鎖が実施された。オンラインゲームの、遠隔でコミュニケーションを楽しむことができ、日々のストレスや不安、苦悩を緩和することができる特性から、世界中の人々がそれを求める状況が生じた。そんな情報環境の中、ゲームをはじめとするインタラクティブエンターテインメント業界は、2020 年 3 月 28 日に「#PlayApartTogether」イニシアチブというオンラインソーシャルメディアキャンペーンを立ち上げ、多くの関連企業が賛同した（Zynga, 2020）。これは、#PlayApartTogether（日本版は「# 離れていっしょに遊ぼう」）のハッシュタグとともに、外出せずに屋内でオンラインゲームをするという選択を推奨すると同時に、世界保健機関（以下、WHO）の新型コロナウイルス感染拡大予防ガイドライン（他人と距離をとること、手を洗うこと、咳エチケットを守ることなど）を周知させるという、向社会的なプロジェクトといえるものである。WHO の国際戦略アンバサダーであるレイ・チェンバースは、3 月 29 日に Twitter 上で次のようにその支持を表明した[1]。

　　　私たちは今、このパンデミックの結末を決める重要な瞬間を迎えています。私たちは、すべてのゲーム関連企業のグローバルユーザーに #PlayApartTogether を奨励します。物理的な距離を取ることなどさまざまな対策は、（感染の）曲線を平らにし、多くの命を救うでしょう。（筆者訳）

　これにリプライする形で同日、WHO 事務局長であるテドロス・アダノム・ゲブレイェスス も「コロナウイルスに打ち勝つために、皆で

#PlayApartTogether しなければなりません（筆者訳）」と賛同した[2]。

　確かに、オンラインゲームの利用により外出による他者との接触の機会を減らすことができ、また気分転換や快感情、社会的交流を得ることができることから、適度なゲームプレイはコロナ禍の感染予防および精神的健康の維持に役立つ側面があるだろう。しかし WHO は別のハッシュタグ #HealthyAtHome において、不安や苦痛を感じるニュースへの接触の制限や、恐怖、不安、退屈、社会的孤立への対処としてのアルコールや薬物の使用の抑制とともに、スクリーンタイム、ビデオゲーム利用について次のように注意喚起を行っている。

　「スクリーンタイム：毎日どのくらいスクリーンの前で過ごしているか、その時間に注意しましょう。定期的に休憩を取るようにしてください。

　ビデオゲーム：ビデオゲームはリラックスの手段になりますが、在宅時間が長いと、より多くゲームをしたくなりがちです。毎日の生活の中で、オフライン活動との正しいバランスを保つようにしましょう。（筆者訳）」（WHO, 2020）

　また WHO が 2019 年 5 月に承認した国際疾病分類の第 11 回改訂版（ICD-11）においては、ゲーム障害が疾病として正式に加えられており、過度のゲーム利用に一定のリスクを認めている。ゲーム障害は、次のような項目に該当する、持続的または反復的なゲーム行動のパターンにより特徴づけられるとしている。

① ゲームの制御障害（例：開始、頻度、強度、期間、終了、状況）
② 他の生活上の利益や日常の活動よりも、ゲームの優先順位が高められる。
③ 否定的な結果が生じても、ゲームを継続、またはより多く使用する。行動パターンは、個人的、家族的、社会的、教育的、職業的またはその他の重要な機能的領域において、重大な障害をもたらす程、十分な重症度のものである。

（WHO, 2019、筆者訳）

　そもそも COVID-19 パンデミック以前には、未成年者などゲーム依存に脆弱な人々のデジタルゲーム利用のリスクが指摘されていた。King, Koster, &

Billieux（2019）は学術誌 Nature において、社会的・環境的要因によるプレイヤー自身の脆弱性が、有害なゲームの発症、進行、再発をもたらすことを指摘するとともに、「ゲームは、利用者の注意を引きつけ、終わりのないプレイを促進するために設計された、規制のないプロダクトである。企業はしばしば、継続的かつ即時的な報酬、複雑な物語、没入的な仮想環境、社会的強化[3]をもたらすようにゲームを設計、微調整する」（筆者訳）と述べている。King et al.（2020）は、コロナ禍により対面のコミュニケーションが制限され、活動の基礎がデジタル環境になるような状況について、不健康な生活パターンが固定化されることによりテクノロジー関連の障害が悪化し、コロナ禍が過ぎた後にも再適応が困難になる危険性を指摘している。

このように、コロナ禍におけるデジタルゲームの推奨は、効用と悪影響の両面をもたらすものと考えられる。現在のところゲーム障害（ゲーム依存）の有病率は、大規模な国際コホートを対象とした4つの調査研究（n=18,932）の分析により、一般人口の0.3%から1%の間であると推定されている[4]ことから（Przybylski et al., 2017）、悪影響は僅かであると考えられているが、世界人口が75億人、世界のゲーム人口が30億人を超えた（DFC Intelligence, 2021）現在、1%は数千万人を意味しており、その影響、規模はあまりにも大きい。コロナ禍におけるゲームの効用を謳う一方で、King et al.（2020）が主張するように、リスクに晒されている人々へのサポートについて検討する必要がある。その対象には、ゲームの過度の使用などのリスクへの脆弱性を持つ人だけでなく、隔離状況により通院治療が困難になっている、すでにゲーム依存のような状況にある人々も含まれる。また、ゲームといってもその内容やシステムは多様であり、健康の維持に役立つものとそうでないものがあると考えられる。King et al.（2020）は、「ゲームの効能を正しく受け止め、身体活動、社会的相互作用、協力を促すなど、心理的・身体的健康に寄与する可能性のあるゲームの種類を明らかにして推奨することが重要である（筆者訳）」と述べている。ゲーム依存により孤独感が増すという因果関係を検証した研究（Borae, 2019）や、孤独感が高い場合には外交的であることが問題あるゲーム利用を引き起こすことを検証した研究（Ok, 2021）があるが、ゲーム利用が孤

独感を緩和するのではなく、孤独感を増す結果をもたらしたり、孤独な隔離状況が問題あるゲーム利用を引き起こす環境要因となる可能性は十分にある。どのような人がどのようなゲームを「#PlayApartTogether」することにより、「#HealthyAtHome」となるのかについて明らかにしていくことが、今後の重要な課題となる。

2. 若者の外出自粛状況

　外出自粛状況における利用時間増加はゲームだけでなく、インターネットを介した動画視聴やSNS利用、テレビ視聴においてもあてはまり、多くの若者がメディア接触を増加させているものと考えられる。この状況を明らかにするため、本節では、筆者らが2回目の緊急事態宣言状況下において実施したアンケート調査[5]の結果をもとに、若者の外出自粛状況、自粛意識について概観する。調査は20歳から49歳のオンラインモニタを対象に実施されたが、本節においては20歳から25歳までの若者に対象を絞り分析を行った（n=592）。また、性別として男女就業形態別として学生・就業者（フルタイム、パートタイム・アルバイト）に分けた結果を併記する。

（1）外出時間、在宅時間
　「外出している時間」について、新型コロナウイルスの感染拡大以前と比較して減ったと回答した率を表3-1に示す。分析対象の若者の52.2%が該当し、性別では女性が56.1%と高く、就業形態別では学生が59.0%と高かった。また

表3-1　外出時間、対面の機会が減少した率

	全体	男性	女性		学生	就業者	
	592	286	301		212	304	
外出している時間	52.2%	47.9%	56.1%	*	59.0%	48.0%	*
同居者以外の人と会って話す機会	41.4%	36.7%	46.2%	*	49.5%	38.8%	*

※数値は「減った」への該当率、*印は χ^2 検定の結果（*：$p<0.05$）

「同居者以外の人と会って話す機会」については、全体の41.4%が減ったと回答し、性別では女性が46.2%、就業形態別では学生が49.5%と高かった。

「自宅で過ごす時間」について、新型コロナウイルスの感染拡大以前と比較して増えたと回答した率を表3-2に示す。分析対象の若者の49.8%が該当し、性別では女性が55.5%と高く、就業形態別では学生が63.7%と高かった。

表3-2　在宅時間が増加した率

	全体	男性	女性		学生	就業者	
	592	286	301		212	304	
自宅で過ごす時間	49.8%	44.1%	55.5%	**	63.7%	41.1%	***

※数値は「増えた」への該当者率、*印はχ^2検定の結果（**：p＜0.01, ***：p＜0.001）

　主観的評価ではあるが、半数程度の若者が外出を控えることで在宅時間を増加させ、対面での交流の機会を4割程度が失っていたということになる。

（2）　外出自粛の意識

　新型コロナウイルス感染症に関して気をつけていることとして、該当者率を表3-3に示す。

表3-3　気をつけていること

	全体	男性	女性		学生	就業者
	592	286	301		212	304
人と会う時は2メートル程度の距離を空けている	15.4%	16.4%	14.3%		17.0%	16.1%
人が集まる場所を避けている	43.1%	32.5%	53.2%	***	46.7%	39.8%
外での飲食を控えている	36.3%	27.6%	44.9%	***	40.6%	33.2%
旅行を控えている	40.0%	28.3%	50.8%	***	44.3%	36.8%
混んでいる電車には乗らないようにしている	18.1%	14.7%	21.3%	*	17.9%	16.4%

※数値は該当者率、*印はχ^2検定の結果（*：p＜0.05, ***：p＜0.001）

　若者の15.4％が、人と会うときに2メートルの距離を空けており、43.1％
（特に女性の53.2％）が、人の集まる場所を避けていた。36.3％（特に女性の
44.9％）が外での飲食を控え、全体の40.0％（特に女性の50.8％）が旅行を控
えていると回答した。また18.1％が混んでいる電車を避けていた。
　一方、感染拡大前と変わらずに友人・知人と顔を合わせて飲食しているとい
う率は、若者の9.3％にとどまった（表3-4）。

表3-4　対面を伴う飲食を控えていない率

	全体	男性	女性	学生	就業者
	592	286	301	212	304
新型コロナウイルス感染拡大前と変わらず、友人・知人と顔を合わせて飲食している	9.3%	9.8%	8.6%	9.9%	9.9%

※数値は該当者率、χ^2検定の結果、性別、就業形態別に有意差なし

　マスク着用に対する意見として、マスクを着用するのは批判を避けるためと
いう率は13.7％、マスクをしても感染予防には役立っていないと考えている率
は5.9％にとどまっており、多くがマスクにより感染拡大抑止の効果があるこ
とを認めていた（表3-5）。

表3-5　マスク着用に関する意見への該当率

	全体	男性	女性	学生	就業者
	592	286	301	212	304
マスクを着用するのは他人の批判をさけるため	13.7%	12.9%	14.6%	15.1%	11.8%
マスクをしても感染予防には役立っていないと思う	5.9%	4.5%	7.3%	4.2%	6.9%

※数値は該当者率、χ^2検定の結果、性別、就業形態別に有意差なし

　政府が展開したGo To Eatキャンペーンの利用は12.2％と少数派であり、
多くは金銭的メリットよりも感染拡大の防止（あるいは自身の感染予防）を優
先させたものと思われる。また、利用可能店舗の少なさ・サービスの使いにく

さや、そもそも外食をあまりしない人は魅力を感じにくいなど、総合的な使い勝手の悪さも関連しているだろう。一方で、Go To トラベルキャンペーンの利用経験は 18.8％と、通年の宿泊を伴う旅行人口に対して少ないとはいえず、キャンペーンの効果が期待できる一方で、外出や対面でのコミュニケーション全般の自粛が解禁されたという、目的とは異なるメッセージが広く伝播した可能性があり、その影響が懸念される。

表3-6　Go To キャンペーンの利用経験

	全体	男性	女性		学生	就業者
	592	286	301		212	304
これまでに GoTo トラベルを利用したことがある	18.8%	15.7%	21.9%		21.7%	18.1%
これまでに GoTo イートを利用したことがある	12.2%	8.7%	15.6%	*	12.3%	14.1%

※数値は該当者率、*印は χ^2 検定の結果（*：p＜0.05, **：p＜0.01, ***：p＜0.001）

　娯楽など不急の外出を控えた率として、「昨年の同時期と比べて、外出を伴う、オンラインではない活動に対する利用・参加」について、「減った」と回答した率を表3-7に示す。

表3-7　娯楽のための外出を控えた率

	全体	男性	女性		学生	就業者
	592	286	301		212	304
映画、コンサートやライブ、演劇の鑑賞	46.6%	42.0%	51.5%	*	51.4%	47.4%
飲み会、パーティー	53.9%	50.7%	57.1%		59.0%	54.9%
食料品・生活必需品以外の買い物	35.5%	29.0%	41.9%	**	37.3%	34.2%
美容院・理髪店、エステティックサロン	38.7%	27.6%	48.8%	***	34.9%	40.1%
趣味の教室・スクール、習い事	20.1%	18.5%	21.6%		19.8%	21.4%
スポーツ観戦	27.0%	28.3%	26.2%		278%	29.3%
自分自身が野外でするスポーツ・運動	26.2%	28.7%	24.3%		28.3%	26.0%

※数値は「減った」への該当率、*印は χ^2 検定の結果（*：p＜0.05, **：p＜0.01, ***：p＜0.001）

　映画、コンサートやライブ、演劇の鑑賞については、若者の46.6％（特に女性の51.5％）、飲み会、パーティーが53.9％、食料品・生活必需品以外の買い物が35.5％（特に女性の41.9％）と比較的高かった。参考として「変わらずしている」率は、映画等が18.1％、飲み会等が13.9％、必需品以外の買い物が44.9％であり、映画や飲み会など、屋内で一定人数が集まるような娯楽を多くの若者が控えたことがわかる。

　また、美容院・理髪店、エステティックサロンの利用が減った率は38.7％（特に女性の48.8％）であり、店舗のスタッフと長時間近接するような状況を避けた若者も多い。趣味の習い事は20.1％、スポーツ観戦は27.0％、自身が野外でするスポーツ・運動は26.2％と控えた率として低いが、「変わらずしている」率は17.6％、15.4％、17.7％といずれも低く[6]、もともと行っていた若者の多くは、やはり行動を控えたものと思われる。

　このように、若者の43.1％が人の集まる場所を避けており、またいわゆる会食の機会は、9割以上の若者が控えていたことがわかる。性別では男性よりも女性の外出自粛意識が高く、学生か就業者かということについて有意差は見られなかった。

（3）　新型コロナウイルスへの危機感・恐怖

　新型コロナウイルスに対する恐怖心[7]について（表3-8）、「私が今もっとも恐れているのは新型コロナウイルスだ」の項目に若者の47.1％（特に学生の52.8％）が該当した。

　また「新型コロナウイルスのことを考えると不安になる」には52.4％、「新型コロナウイルスのせいで命を落とすことを恐れている」には46.1％、「新型コロナウイルスにかかった場合の後遺症が不安だ」には62.8％（特に女性の68.1％）が該当した。総じて、重症化しにくいと言われている若者にも恐怖心は浸透しており、特に後遺症への不安感は非常に高い。ここまで見てきた外出自粛行動や意識の高さは、この恐怖心・不安感に基づくものであろう。

　若者の不安感を高めるために、緊急事態宣言の効果はどの程度であっただろうか。本調査が行われるおよそ2週間前にあたる1月7日、首都圏1都3県

表3-8 新型コロナウイルスへの恐怖・不安

	全体	男性	女性		学生	就業者	
	592	286	301		212	304	
私が今もっとも恐れているのは新型コロナウイルスだ	47.1%	45.8%	48.8%		52.8%	42.8%	*
新型コロナウイルスのことを考えると不安になる	52.4%	48.6%	55.8%		55.2%	48.7%	
新型コロナウイルスのせいで命を落とすことを恐れている	46.1%	42.7%	50.2%		42.0%	46.7%	
新型コロナウイルスにかかった場合の後遺症が不安だ	62.8%	57.0%	68.1%	**	63.2%	61.8%	

※数値は「そう思う」「ややそう思う」いずれかへの該当率、*印はχ²検定の結果
（*：p＜0.05, **：p＜0.01）

表3-9 第二次緊急事態宣言前後の自粛意識

	全体	男性	女性	学生	就業者
	592	286	301	212	304
新型コロナウイルス感染症に対する危機感	27.0%	23.4%	30.2%	25.5%	26.6%
外出を自粛しなければいけないという気持ち	30.6%	27.6%	33.2%	31.1%	29.3%

※数値は「とても増えた」の該当率

を対象に、新型インフルエンザ等対策特別措置法に基づく緊急事態宣言（第二次緊急事態宣言）が発出された。その前後の意識の変化を、表3-9に示す。

　宣言前後で「感染症に対する危機感」がとても増えた率は、若者の27.0%であり、「外出を自粛しなければいけないという気持ち」がとても増えた率は、若者の30.6%であった（男女、学生／就業者別に有意差なし）。医療崩壊などの背景からもともと自粛意識や危機感が高まっていた状況下において、緊急事態宣言（およびその後の感染者増加などの社会状況）には、さらに30%程度意識を高める効果があったものと思われる。

3. 緊急事態宣言下の映像メディア、ゲームの利用状況

　ここまで、若者の外出自粛意識および行動を概観し、若者たちの多くがこれまでよりも自宅での活動を増やさざるを得ない状況または心理的状態にあったことを確認した。本節では、同調査および、大学生へのインタビュー調査をもとに、自粛期間中の情報行動について、特にゲームなどの映像メディア利用に注目しながら把握していく。

（1）映像メディア利用の増加

　昨年の同時期と比較し、ネットゲーム、スマホゲーム、テレビゲームといったデジタルゲームの利用が増えたと回答した率を、表 3-10 に示す。若者の 26.9%（特に男性の 31.5%、学生の 34.4%）が該当した。

表 3-10　デジタルゲームの利用が増えた率

	全体	男性	女性		学生	就業者	
	592	286	301		212	304	
ネットゲーム／スマホゲーム／テレビゲーム	26.9%	31.5%	22.6%	*	34.4%	21.4%	***

※数値は該当者率、*印は χ^2 検定の結果（*：p＜0.05, ***：p＜0.001）

　続いて、感染拡大前と比較し、映像コンテンツの利用が増えたと回答した率を、表 3-11 に示す。録画放送や映像ソフトは若者の 22.0%（特に女性の 27.2%、学生の 30.7%）が該当した。ネットフリックスなどのオンデマンド動画配信サービスは、若者の 30.1% が該当した。YouTube などのネット動画は、若者の 42.6%（特に女性の 47.5%、学生の 50.9%）が該当した。

　このように、ゲーム利用の増加だけでなく、オンデマンド動画や YouTube 動画などの増加幅が大きく、コロナ禍で外出自粛が強いられる中で、映像メディア全般、特にオンラインの映像コンテンツへの接触が非常に増えていることがわかる。

表3-11　映像コンテンツの利用が増えた率

	全体	男性	女性		学生	就業者	
	592	286	301		212	304	
録画しておいた放送や映像ソフト（DVDなど）を見る時間	22.0%	16.4%	27.2%	**	30.7%	17.1%	***
Netflix, Amazonプライムビデオなどのオンデマンド型の動画配信サービスを見る時間	30.1%	26.6%	33.9%		33.0%	28.3%	
YouTubeなどのネット動画を見る時間	42.6%	37.4%	47.5%	*	50.9%	37.5%	**

※数値は「増えた」の該当率、*印はχ²検定の結果（*：p＜0.05，**：p＜0.01，***：p＜0.001）

　それでは、テレビ番組への接触についてはどうだろうか。ニュース番組、情報番組、エンタメ番組の視聴時間が増えた割合を、表3-12に示す。ニュース番組の視聴時間の増加は、若者の25.3%（特に女性の28.9%）が該当し、情報番組の視聴時間の増加は若者の20.1%（特に女性の25.6%、学生の25.5%）、エンタメ番組の視聴時間の増加は若者の20.9%（特に女性の25.2%、学生の29.2%）が該当した。新型コロナウイルスという社会共通の関心事があることからニュース番組の視聴時間の増加が目立つが、バラエティ番組の視聴時間も無視できない程度に増加していた。参考までに、ネット・アプリでニュース記

表3-12　テレビ番組の視聴時間が増えた割合

	全体	男性	女性		学生	就業者	
	592	286	301		212	304	
テレビでニュース番組を見る時間	25.3%	21.7%	28.9%	*	27.8%	23.4%	
テレビで情報番組を見る時間（あさイチ、とくダネなど）	20.1%	14.7%	25.6%	**	25.5%	15.1%	**
バラエティなどエンタメ番組を見る時間	20.9%	16.8%	25.2%	*	29.2%	16.4%	***

※数値は「増えた」の該当率、*印はχ²検定の結果（*：p＜0.05，**：p＜0.01，***：p＜0.001）

事を見る時間の増加は若者の 27.9%（特に学生の 36.3%）が該当しており、若者のニュースの情報源としてのネットへの依存度の高さが伺われる。

　近年ではソーシャルメディアによる動画の共有が盛んである。表 3-13 に、代表的なソーシャルメディアといえるアプリを、1 日に高頻度（10 回以上）利用する若者の割合を示す。

表 3-13　ソーシャルメディアの高頻度利用者の割合

	全体	男性	女性		学生	就業者
	592	286	301		212	304
LINE（ライン）	29.1%	20.3%	37.5%	***	33.5%	28.3%
Twitter（ツイッター）	25.3%	23.8%	26.6%		27.4%	23.7%
Facebook（フェイスブック）	2.5%	2.8%	2.3%		0.9%	3.3%
Instagram（インスタグラム）	17.9%	11.2%	24.3%	***	18.9%	16.4%
TikTok（ティックトック）	4.9%	5.6%	4.0%		3.3%	5.6%
YouTube（ユーチューブ）	21.1%	25.9%	16.8%	**	23.6%	18.1%

※数値は「1 日 10 回以上利用」への該当率、*印は χ^2 検定の結果（**：p＜0.01、***：p＜0.001）

　数値は利用者率にも影響を受けるが、LINE が若者の 29.1%（特に女性の 37.5%）、Twitter が 25.3% と高く、次いで YouTube が 21.1%（特に男性の 25.9%）、Instagram が 17.9%（特に女性の 24.3%）であった。TikTok は 4.9%、Facebook は 2.5% と、毎日高頻度に利用するアプリとしては低い割合であった。参考までに 1 日 1 回以上の利用割合を見ると、LINE は 79.6%、Twitter は 69.3%、YouTube は 67.1%、Instagram は 52.7%、TikTok は 17.9%、Facebook は 14.0% となっており、ほとんどの若者がソーシャルメディアを毎日利用していた。

　オンラインでの活動として、書き込みやメッセージの交換といった、情報発信およびコミュニケーションを行う時間増加への該当率（表 3-14）は、書き込み時間が若者の 15.7%（特に女性の 18.9%、学生の 19.8%）、メッセージ交換が 18.1%（特に女性の 22.3%、学生の 25.9%）であり、特に女性、学生がオ

ンライン上でのコミュニケーションを増加させていた。

　このように、若者の多くはソーシャルメディアなどを有効に活用することで、対面でのコミュニケーションの不足を補い、また必要な情報交換や連絡を行っていることがわかる。

表3-14　ネットのコミュニケーション時間増加の割合

	全体	男性	女性		学生	就業者	
	592	286	301		212	304	
ネット・アプリで書き込みをする時間	15.7%	12.2%	18.9%	*	19.8%	11.5%	**
ネット・アプリでメッセージの交換をする時間	18.1%	13.6%	22.3%	**	25.9%	11.8%	***

※数値は「増えた」の該当率、*印は χ^2 検定の結果（*：$p<0.05$, **：$p<0.01$, ***：$p<0.001$）

（2）　学生の映像メディア利用とその効用

　それでは、学生は映像メディアをどのように利用したのだろうか。筆者は2回目の緊急事態宣言状況下において、大学生を対象とした自由記述アンケート調査を実施した。生活や行動、心理、健康、考え方などについて、コロナ禍により受けたポジティブな影響として、168票中、77票においてポジティブな影響が報告された。ここでは、そのうち映像メディアに関連する内容であった10票について紹介する。

　①　映像コンテンツの視聴時間や新しいコンテンツへの接触
　　・映画をたくさん見ることができる。
　　・テレビやラジオを見たり聴いたりするのが好きなのだが、新しい番組を見たり聴いたりして面白さを発見できた。
　　・たくさんテレビを見られたり、一生応援したいと思えるアイドルに出会えた。
　　・在宅時間が増え、趣味のアニメ鑑賞がはかどった。
　　・アニメやドラマなど、こういった家にいる時間が長くなかったら見る

ことがなかっただろうというものを見る機会ができた。

② 映像コンテンツ個別の内容に関するもの

・家で自分の好きなアニメを見たときに、主人公や仲間たちが一生懸命に敵と戦っている姿を見て、心に響き、私も今の状況にめげずに、この状況だからこそできることをしようとポジティブな気持ちになった。

・ネットフリックスなどのドラマをよく見るようになり、韓国語やその他の言語を勉強したいというきっかけにもなり、また字幕の設定を変えれば勉強も可能であるということを知る機会になったのでとてもよかった。

③ 映像コンテンツ自体の変化

・YouTube に進出する芸能人も増えて、無料で見られる娯楽が増え、毎日が豊かになった。

・好きなアイドルが自粛期間中に今までのライブ DVD の総集編を YouTube にアップしてくれたり、配信ライブをしてくれたりと、コロナ禍でもファンにエンターテインメントを届けてくれたことがとても嬉しかったし、力になった。

・オンラインで LIVE などが実施されるようになり、いままで LIVE に行ってみたくても 1 人で LIVE 会場に行きづらくて行けてなかったけど、オンラインで実施されてからは手軽に自宅で見られるようになった。

　このように、在宅時間の増加によって映像コンテンツへの接触が増えたこと、映像コンテンツの内容に励まされたり、語学に興味を持つきっかけになったこと、そしてコロナ禍に対応する形でオンラインコンテンツの幅・量が増したことがポジティブな側面として語られた。これらは、若者がオンラインコンテンツを用いて、コロナ禍におけるストレス状況に対応している例と言える。また、自粛状況ならではの新しいコンテンツが必然的な形で供給されるなど、テクノロジーを用いて社会全体が自粛状況に適応していく容態の一端が見られた。

4. 社交性と自粛意識

　前節で紹介した自由記述のアンケート調査におけるポジティブな影響として、映像関連以外では、通学時間がなくなったこと（「遠隔授業になり、通学時間が往復で5時間あるのでその時間を上手く使うことができるようになった」など）、自由時間が増えたこと（「時間の制約や精神的ストレスがなくなったことで睡眠の質が向上し、翌朝スッキリ目覚められるようになった」など）、家族関係が改善したこと（「家族と話をする時間が増え、それまであまりしなかったばか笑いができるほど大らかになった」など）、遠隔授業により時間をフレキシブルに使えるようになったこと（「外出先でWi-Fiを繋げばどこでも授業が受けられるため、有意義な時間の使い方ができた。実際にインターン先で仕事の合間を抜けて授業を受けて、授業が終わったらすぐに業務に戻れるのはとても助かった」など）が、ポジティブな影響として複数挙げられた。中でも多く見られたのは、社交的でない性格であることによる、オンライン状況への適応である。以下に例を示す。

- もともと社交的な性格ではないため、遠隔授業になったことで人間関係に対しての余計なストレスから解放されて、かえって気持ちが穏やかになった。
- 大学で他の学生たちと顔を合わせなくてよくなったことは私にとってポジティブな影響です。
- 大学の授業がオンラインで行われるようになって人と直接会う機会が減り、私はもともとなるべく人と会いたくないと思っている性格なので授業に対するストレスは大幅に減りました。
- インドア派な私にとっては、自然とおうち時間は楽しく感じた。
- もともとインドア派で人と関わることも好きではないので、ずっと家にいていいという環境がとてもありがたかった。
- 人混みが苦手で、外へ出ると人疲れしてしまうため、むしろコロナ禍で家に引きこもるほうが気が楽であった。

　このように社交性の程度により、コロナ禍の行動や意識が大幅に違うようである。本節ではこれを確認するため、前述の1月20日実施のアンケート調査の結果をもとに、社交性の高・低で統計的に有意な差が見られた行動や意識について分析する。なお、社交性はBuss（1986＝大渕、1991）による邦訳版社交性尺度から抜粋した4項目（人と一緒にいるのが好きだ／人づきあいの機会があれば、喜んで参加する／私にとって何よりも刺激的なのは、人とのつきあいである／広く人づきあいができなくなったら、不幸になると思う）の合計[8]により得点化し、平均点以上を高群、平均点未満を低群として分類した。

（1）　外出自粛意識と社交性

　外出自粛の意識について（表3-15）、「人と会う時は2メートル程度の距離を空けている」割合は、社交性高群が18.7％と、低群の11.3％に対して有意に高かったが、これについては社交性が高いほど人と会う機会そのものが多いことにも関連しているものと思われる。

　「人とほとんど会っていない」「人が集まる場所を避けている」についてはそれぞれ社交性低群が45.3％、48.3％と有意に高く、人と会わない生活を実践していたことがわかる。

表3-15　コロナ禍下で気をつけていること（社交性高／低）

	社交性高	社交性低	
	327	265	
人と会う時は2メートル程度の距離を空けている	18.7%	11.3%	＊
人とほとんど会っていない	35.8%	45.3%	＊
人が集まる場所を避けている	38.8%	48.3%	＊

※数値は該当者率、＊印はχ^2検定の結果（＊：p＜0.05）

　同様に、「感染拡大前と変わらず、友人・知人と顔を合わせて飲食している」割合は、社交性高群が13.5％であるのに対し、低群が4.2％と有意に低かった（表3-16）。

表 3-16　対面を伴う飲食を行っている割合（社交性高／低）

	社交性高	社交性低	
	327	265	
新型コロナウイルス感染拡大前と変わらず、友人・知人と顔を合わせて飲食している	13.5%	4.2%	***

※数値は該当者率、*印は χ^2 検定の結果（***：p＜0.001）

　昨年の同時期と比べた、外出を伴う活動が減った割合については、飲み会・パーティー、スポーツ観戦、自分自身が野外でするスポーツ・運動において、社交性高群が有意に高い割合であった（表 3-17）。

　社交性高群は低群と比較して人と会う機会が多く、外出自粛の程度は低いと言える。しかし、もともと外出し交流する機会が多かったぶん、努力して控えている程度は低群よりも高く、またより強いストレスに晒されているものと推察される。

表 3-17　娯楽のための外出を控えた割合（社交性高／低）

	社交性高	社交性低	
	327	265	
飲み会、パーティー	60.2%	46.0%	***
スポーツ観戦	30.9%	22.3%	*
自分自身が野外でするスポーツ・運動	30.6%	20.8%	**

※数値は「減った」への該当率、*印は χ^2 検定の結果（*：p＜0.05，**：p＜0.01，***：p＜0.001）

　さらに、人と顔を合わせる絶対的な機会が多いため、感染リスクも高くなる。新型コロナウイルス感染への恐怖・不安の差を見ると（表 3-18）、「私が今もっとも恐れているのは新型コロナウイルスだ」への該当率は社交性高群が57.8%、低群が34.0%と大きな差がついている。不安感、感染して死に至ることへの恐れ、後遺症への不安においても、社交性高群においてそれぞれ62.4%、53.5%、67.9%と、有意に高い割合となった。

表3-18　新型コロナウイルスへの恐怖・不安（社交性高／低）

	社交性高	社交性低	
	327	265	
私が今もっとも恐れているのは新型コロナウイルスだ	57.8%	34.0%	***
新型コロナウイルスのことを考えると不安になる	62.4%	40.0%	***
新型コロナウイルスのせいで命を落とすことを恐れている	53.5%	37.0%	***
新型コロナウイルスにかかった場合の後遺症が不安だ	67.9%	56.6%	**

※数値は「そう思う」「ややそう思う」いずれかへの該当率、*印は χ^2 検定の結果
（**：p<0.01, ***：p<0.001）

（2）　映像メディアと社交性

　デジタルゲーム（ネットゲーム／スマホゲーム・テレビゲーム）利用増加の割合については、社交性高低による有意な差は見られず、高群が28.1％、低群が25.3％であった（表3-19）。

表3-19　デジタルゲームの利用が増えた割合（社交性高／低）

	社交性高	社交性低
	327	265
ネットゲーム／スマホゲーム／テレビゲーム	28.1%	25.3%

※数値は該当者率、 χ^2 検定の結果有意差なし

　動画コンテンツについて見ると（表3-20）、Netflixなどのオンデマンド動画配信サービスの利用増加割合は、社交性高群が35.2％と、低群の23.8％よりも有意に大きく、録画や映像ソフトは社交性高群が28.1％と、低群の14.3％よりも有意に大きかった。これらは、メディアを通じて広告キャンペーンなどの方法でコンテンツが知れ渡り、既知の友人の間などでも共通の話題として上がるような動画が主力のコンテンツになっていることが影響しているものと思われる。つまり、社交性の低い人は該当のコンテンツに興味を持ちにくい、あるいは流行のコンテンツの存在を把握しにくいであろう。

　一方、特定のコンテンツへの依存度が低いと思われるYouTubeなどのネッ

ト動画については、社交性高群が 44.6％、低群が 40.0％と有意差はなかった。
YouTube やデジタルゲームなど、特に身の回りの知人と話題を共有する必要
がない映像コンテンツは、社交性の低い人にとっても、コロナ禍における気分
転換やストレス解消、日々の楽しみといったニーズを満たしやすい手段であっ
たものと思われる。

表 3-20　動画コンテンツの視聴（社交性高／低）

	社交性高	社交性低	
	327	265	
録画しておいた放送や映像ソフト（DVD など）を見る時間	28.1%	14.3%	***
Netflix, Amazon プライムビデオなどのオンデマンド型の動画配信サービスを見る時間	35.2%	23.8%	**
YouTube などのネット動画を見る時間	44.6%	40.0%	

※数値は「増えた」への該当率、*印は χ^2 検定の結果（**：p＜0.01, ***：p＜0.001）

　テレビ放送の視聴増加割合では、ニュース番組、エンタメ番組いずれも、社
交性高群が低群よりも有意に高くなっており、ニュース番組が 30.3％（低群は
19.2％）、バラエティなどエンタメ番組が 27.5％（低群は 12.8％）であった。

表 3-21　ニュース番組、エンタメ番組の視聴（社交性高／低）

	社交性高	社交性低	
	327	265	
テレビでニュース番組を見る時間	30.3%	19.2%	**
バラエティなどエンタメ番組を見る時間	27.5%	12.8%	***

※数値は「増えた」への該当率、*印は χ^2 検定の結果（**：p＜0.01, ***：p＜0.001）

　ソーシャルメディアの高頻度（1 日 10 回以上）の利用者は基本的に社交
性高群が高く、社交性高群の 40.4％は LINE を、23.2％は Instagram を、
7.6％は TikTok を、4.3％は Facebook を高頻度で使用していた。Twitter、
YouTube は社交性の高低で有意差はなく、比較的人とのつながりを必要とし
ないソーシャルメディアといえるかもしれない。

表 3-22　ソーシャルメディアの高頻度利用割合（社交性高／低）

	社交性高	社交性低	
	327	265	
LINE（ライン）	40.4%	15.1%	***
Twitter（ツイッター）	28.4%	21.5%	
Facebook（フェイスブック）	4.3%	0.4%	**
Instagram（インスタグラム）	23.2%	11.3%	***
TikTok（ティックトック）	7.6%	1.5%	***
YouTube（ユーチューブ）	22.6%	19.2%	

※数値は1日10回以上利用する割合、*印は χ^2 検定の結果(**:p＜0.01, ***：p＜0.001)

　オンラインでのコミュニケーションについては、書き込み、メッセージ交換いずれも社交性高群がそれぞれ20.5%、24.5%と、低群の9.8%、10.2%に対して有意に高かった。

表 3-23　オンラインでのコミュニケーション増加（社交性高／低）

	社交性高	社交性低	
	327	265	
ネット・アプリで書き込みをする時間	20.5%	9.8%	***
ネット・アプリでメッセージの交換をする時間	24.5%	10.2%	***

※数値は「増えた」への該当率、*印は χ^2 検定の結果（***：p＜0.001）

　コロナ禍ではビデオ会議システムを利用したオンライン飲み会が流行したが、この経験割合も、社交性高群が15.3%と、低群の7.2%に対し有意に大きかった。また社交性低群は、ビデオ会議システムを（飲み会に限らず）使っていない割合が63.8%と、社交性高群の36.7%に対して非常に大きかった。
　このように、社交性の高い若者はコロナ禍の中で、社交性の低い若者よりも高い割合で自粛のための努力を強いられている（社交性の低い若者は、努力せずに高度な自粛状況に適応できている）という状況の中で、対面での人とのつ

表 3-24　新型コロナウイルスへの恐怖・不安（社交性高／低）

	社交性高	社交性低	
	327	265	
Zoom などのビデオ会議システムを利用してオンライン食事会・飲み会をした	15.3%	7.2%	**
ビデオ会議システムを使っていない	36.7%	63.8%	***

※数値は該当率、*印は χ² 検定の結果（**：p＜0.01, ***：p＜0.001）

ながりを基礎としたり、維持したりするための映像メディア利用を行っていることがわかる。またその意味で、映像メディアやソーシャルメディアは、社交性の高い若者の自粛ストレスの軽減に役立ったものと推察される。

5.　今後の懸念と対策

　社交性の低い若者にとっては、自粛生活は好みの映像メディアの視聴に割く時間を増やしてくれるものでもあり、社交性の高い若者にとっては、映像メディアやソーシャルメディアが自粛生活の中で人とのつながりや、つながり感覚を維持するために必要なものであったとして、それでは、コロナ禍のような状況下で、映像メディアやソーシャルメディアの利用を若者たちに推進するべきであろうか。彼らはメディアを有効活用したとも言えるが、それをせずにはいられなかったとも言える。本章冒頭で述べたように、これらの過剰な利用は、一部の若者たちにとって極めてネガティブな結果をもたらす可能性がある。映像メディアやソーシャルメディアの重要性・必要性が高い状況であるからこそ、その利用には注意が必要である。

　一般に、ストレス状況はアルコール依存や薬物依存、ニコチン依存に結びつきやすい（Sinha, 2008; Whang et al., 2003）。これらの依存と、ゲームなどによる強化性の依存には共通の因子構造があることが示されているように（Griffiths, 2005）、ストレス状況は逃避の動機を介し、ゲーム依存やインターネット依存のような行動嗜癖にも結びつきやすい（Ohno, 2016）。

　コロナ禍において若者がどのような不安・問題といったストレス状況に晒さ

れているのかについて、表3-25 および表3-26 に示す。

　新型コロナウイルスの感染拡大以前と比較した経済状況の変化（表3-25）として、若者の34.8%（特に女性の41.2%）が「収入・資産が減った」と回答し、学生か就業者かによる有意な差は見られなかった。また、「生活に支障が生じた」には若者の27.4%が該当した。

表 3-25　感染拡大前後の経済状況の変化

	全体	男性	女性		学生	就業者
	592	286	301		212	304
収入・資産が減った	34.8%	28.0%	41.2%	***	32.5%	34.2%
生活に支障が生じた	27.4%	24.8%	29.6%		28.8%	25.0%

※数値は該当率、*印は χ^2 検定の結果（***：p＜0.001）

表 3-26　コロナ禍の不安

	全体	男性	女性		学生	就業者	
	592	286	301		212	304	
収入の減少	38.2%	33.2%	43.2%	*	27.4%	44.4%	***
自宅に長くいることによる運動不足	25.3%	21.3%	28.9%	*	34.4%	18.1%	***
食料、生活必需品の入手	10.6%	9.1%	11.6%		8.0%	9.5%	
規則正しい生活習慣が損なわれること	11.8%	8.4%	15.3%	*	17.5%	7.6%	***
ゲームの利用時間増加による健康への悪影響	5.9%	5.2%	6.6%		6.6%	4.6%	
家族関係の悪化	5.1%	3.8%	6.3%		4.2%	4.6%	
会えないことによる友人・知人・恋人との関係の悪化	15.7%	11.2%	19.9%	**	21.7%	12.2%	**
人々の外出が増えていることによる感染の拡大	18.2%	11.5%	24.3%	***	21.7%	15.8%	
離れて暮らす身内の安否	9.8%	6.3%	12.6%	**	11.3%	9.5%	
なんとなく不安	21.5%	18.5%	24.3%		24.1%	18.1%	

※数値は該当率、*印は χ^2 検定の結果（*：p＜0.05，**：p＜0.01，***p＜0.001）

　コロナ禍における不安感について（表 3-26）、若者の 38.2％、特に女性の 43.2％、就業者の 44.4％が「収入の減少」に不安を感じていた。また、「運動不足」には若者の 25.3％（特に女性の 28.9％、学生の 34.4％）、「友人・知人・恋人との関係の悪化」には若者の 15.7％（特に女性の 19.9％、学生の 21.7％）、「人々の外出が増えていることによる感染の拡大」には 18.2％（特に女性の 24.3％）が該当した。さらに、漠然とした不安といえる「なんとなく不安」に 21.5％が該当した。

　ゲームの利用時間増加については、若者の 5.9％が悪影響の不安を感じていた。国内の中高生に対する大規模な調査によれば、自分がインターネット依存かもしれないという自覚を持つ中学生・高校生のおよそ 7 割が高いインターネット依存傾向を示しており（橋元ら、2017、総務省、2014）、自粛生活においてゲーム依存傾向を高めているという自覚が一定の割合の若者に生じていることは、問題に直面している若者の存在を意味している。

　映像メディアやソーシャルメディアの利用増加は、ほとんどの若者にはポジティブに作用し、コロナ禍に外出しくにい社会的状況への対処として、心理的にも必要不可欠と言えるであろう。しかし、抑うつや注意欠陥多動性障害、強迫性障害の傾向があるなど、もともと行動嗜癖のリスクに対して脆弱である場合や、コロナ禍のストレスをより強く感じており、精神的逃避のためのメディア利用という動機付けが強力であるような場合には、新型コロナウイルスの脅威が過ぎ去り社会全体の活動が正常化した後にもインターネット依存やゲーム依存の問題から脱することができないといった状況に陥る可能性が無視できないため、やはりふだんよりあまりに高頻度・長時間のメディア利用を推奨すべきではない。メディア利用による悪影響が懸念されるような状況では、個別に制限を行い、コントロールが難しい場合には、専門家への遠隔での相談を可能な限り早い段階で行うことが望ましい。

注

1) Ray Chambers（2020）https://twitter.com/RaymondChambers/status/124401112055 51022594（2021 年 2 月 28 日アクセス）

2)　Tedros Adhanom Ghebreyesus（2020）https://twitter.com/DrTedros/status/12440
36436493557761（2021 年 2 月 28 日アクセス）

3)　他者からの評価など、行動の頻度を高める要因となるような社会的刺激。

4)　別の指標として、Pan et al.（2020）によるメタ分析によれば、一般的なインターネット
依存の有病率は 7.02%、インターネットゲーム依存の有病率は 2.47% であった。

5)　この調査は東京女子大学と日本電信電話株式会社セキュアプラットフォーム研究所との
2020 年度共同研究（研究代表者：橋元良明）として、2021 年 1 月 20 日から 21 日にかけて
実施された。調査対象者は株式会社クロス・マーケティングの、日本全国、20 歳から 49 歳
までの登録モニター（年齢層 5 歳刻み、性別は男女均等になるように回収）。調査方法はオ
ンラインアンケート調査。回収数 3,000 票。

6)　そもそも該当の行動をしていない率がいずれも 50% 超と高かった。

7)　Daniel et al（2020）による The Fear of COVID-19 Scale から選別した 3 項目（筆者訳）
と、調査グループが作成した 1 項目を用いた。

8)　「そう思わない」を 1 点、「あまりそう思わない」を 2 点、「ややそう思う」を 3 点、「そう
思う」を 4 点として点数化した。

参考文献

Ahorsu, D. K., Lin, C-Y., Imani, V., Saffari, M., Griffiths, M. D., Pakpour, A. H.（2020）. The
Fear of COVID-19 Scale: Development and Initial Validation. *International Journal of
Mental Health and Addiction*. doi: 10.1007/s11469-020-00270-8.

Balhara, Y. P. S., Kattula, D., Singh, S., Chukkali, S., & Bhargava, R.（2020）. Impact of
lockdown following COVID-19 on the gaming behavior of college students. *Indian
Journal of Public Health, 64 (Supplement)*, S172-S176, doi: 10.4103/ijph.IJPH_465_20.

Buss, A. H.（1986）Social Behavior and Personality, Lawrence Erlbaum Assoc Inc.（A.H.バ
ス著・大渕憲一監訳『対人行動とパーソナリティ』、北大路書房、1991）

Carras, M. C., Van Rooij, A. J., Van de Mheen, D., Musci, R., Xue, Q. L., & Mendelson,
T.（2017）. Video gaming in a hyperconnected world: A cross-sectional study of
heavy gaming, problematic gaming symptoms, and online socializing in adolescents.
Computers in Human Behavior, 68, 472-479.

DFC Intelligence.（2021）. Global Video Game Consumer Segmentation　https://www.
dfcint.com/product/video-game-consumer-segmentation-2/（2021 年 2 月 28 日アクセス）

Griffiths, M. D.（2005）. A "components" model of addiction within a biopsychosocial
framework. *Journal of Substance Use 10*, 191-197.

Jin, B. R.（2019）. Loneliness and Game Addiction in the Early Adolescence: A Four-Year
Panel Study, *The Journal of the Korea Contents Association, 19 (5)*, 178-186.

King D. L., Delfabbro P. H., Billieux J., Potenza M. N., (2020). Problematic online gaming and the COVID-19 pandemic. *Journal of Behavioral Addictions, 29,* 9 (2), 184-186. doi: 10.1556/2006.2020.00016.

King, D., Koster, E., & Billieux, J. (2019). *Study what makes games addictive. Nature, 573,* 346-346.

Ohno, S. (2016) Internet escapism and addiction among Japanese senior high school students. *International Journal of Culture and Mental Health 9 (4),* 399-406.

Ok, C. (2021). Extraversion, loneliness, and problematic game use: A longitudinal study. *Personality and Individual Differences, 168.* doi: 10.1016/j.paid.2020.110290.

Pan, YC. Chiu, YC. Lin, YH. (2020). Systematic review and meta-analysis of epidemiology of internet addiction. *Neuroscience & Biobehavioral Reviews, 118,* 612-622.

Pantling, A. (2020). Gaming usage up 75 percent amid coronavirus outbreak, *Verizon reports* https://www.hollywoodreporter.com/news/gaming-usage-up-75-percent-coronavirus-outbreak-verizon-reports-1285140 (2021 年 2 月 28 日アクセス)

Przybylski, A. K., Weinstein, N., & Murayama, K. (2017). Internet gaming disorder: Investigating the clinical relevance of a new phenomenon. *American Journal of Psychiatry, 174,* 230-236.

Sinha, R. (2008) Chronic stress, drug use, and vulnerability to addiction. *Annals of the New York Academy of Sciences,* 1141, doi: 10.1196/annals.1441.030, 105-130.

Stream Elements & Rainmaker.gg. (2021). Present State of the Stream for January 2021 https://www.dropbox.com/s/radf9vskzrh98qt/Jan%202021%20data%20report%20download.zip?dl=0&file_subpath= % 2FJan+2021+Data+Report+lo-res.pdf (2021 年 2 月 28 日アクセス)

Whang, L. S., Lee, S., & Chang, G. (2003). Internet Over-Users' Psychological Profiles: A Behavior Sampling Analysis on Internet Addiction. *Cyberpsychology & Behavior 6(2),* 143-150.

WHO. (2020). #HealthyAtHome? Mental Health https://www.who.int/campaigns/connecting-the-world-to-combat-coronavirus/healthyathome/healthyathome---mental-health (2021 年 2 月 28 日アクセス)

WHO. (2019). ICD-11 for Mortality and Morbidity Statistics (Version: 04/2019) 6C51 Gaming disorder https://icd.who.int/browse11/l-m/en#/http% 3a% 2f% 2fid.who.int% 2ficd% 2fentity% 2f 1448597234 (2021 年 2 月 28 日アクセス)

Zynga Game Network, Inc. (2020). Games Industry Unites to Promote World Health Organization Messages Against COVID-19; Launch #PlayApartTogether Campaign https://www.businesswire.com/news/home/20200328005018/en/Games-Industry-Unites-Promote-World-Health-Organization（2021 年 2 月 28 日アクセス）

総務省（2014）「高校生のスマートフォン・アプリ利用とネット依存傾向に関する調査報告書」http://www.soumu.go.jp/main_content/000302914.pdf（2021 年 2 月 28 日アクセス）

橋元良明・大野志郎・天野美穂子・堀川裕介（2017）横浜市中学生ネット依存調査、東京大学大学院情報学環　情報学研究・調査研究編 33、pp.159-220

橋元良明・大野志郎・天野美穂子・堀川裕介・篠田詩織（2020）『緊急事態宣言で人々の行動・意識は変わったか？』丸善出版

第4章

コロナ禍の下で、大学生活を充実したものにするために
― 学生運動が盛んな時期に入学した一教員の回顧 ―

1. コロナ禍の中の大学キャンパス

　コロナ禍の広がりがとまらない。100年に一度とも言われる事態に、大学生の皆さんは「自分たちはなんて不運な」とお思いかと思う。大学教育に臨む私たちも皆さんの置かれた立場には共感している。

　皆さんの中には、あと1年ほどで大学生活を終える方、2020年4月に憧れの大学生活を始められた新入生もおられる。何年生であるかによって、現在の状況は同じではないと思う。

　3、4年生の皆さんは、就職や進学等が絡むだけに例年以上に緊迫感に満ちた生活を送られていると思われる。また、入学したのに大学キャンパスを訪れることもできず、出口の見えない遠隔授業に突入したたくさんの新入生の皆さんもおられるはずだ。大学に籍を置いて、このような状況の中でどうすれば意味ある大学生活を送れるだろうか、と日夜自問自答しているのではないだろうか。

　筆者が大学生活を送っていたのは今から50年ほど前になり、社会の状況は今と相当に違う。ただ皆さんが置かれている状況は筆者の世代が経験した状況と似通った面もある。そこで、以下では、筆者が大学に入学したかつてを思い出しながら、私たち世代はその時なにを思っていたか、そして、なにをどうすればよいか、皆さんにヒントになるかもしれないことを徒然に述べてみたいと思う。

2. 田舎から出てきた筆者を待っていたもの

　千葉県の房総半島出身の私にとって、「東京」というのは極めて遠くに感じられた（特に、当時はテレビでさえも、一般家庭に普及しだしたのは中学生以降のことだったからである）。しかも、小学生時代から都合12年学び続けてきた総決算が大学入学だったから、東京にある大学キャンパスに足を運んだ初日の高揚感には極めて大きなものがあった。

　その後、大学紛争に直面することになるわけだが、4月から夏休み直前までは、生協に並ぶ教科書を探し購入するというわくわく感、たくさんの部活動サークルが両脇に並ぶ中を歩いた中での部員勧誘、あるいは、学科の上級生による歓迎の熱気などは体験できただけでも幸せだった。この点は、2020年4月頃の、新型コロナウイルス感染症に襲われ、日本のほとんどの大学がキャンパス閉鎖に踏み切ることになった今との大きな違いである。

　しかし、私たち世代も、皆さんが今直面している状況と同じような体験を味わってきた。というのは7月頃からほぼ1年にわたり、正規の授業を受けられない状況に陥ったからである。筆者が大学に入学した年（1968年）は、全国の多くの大学に学生運動が広がり始めた年だった。

　筆者は、東京都文京区に文学部・理学部・教育学部の3学部がある東京教育大に入学したのだが、同大学は別の場所にキャンパスがある農学部、体育学部を一緒にした統合キャンパスを設けては、という悲願を抱えていた。その時に、茨城県に研究学園都市を建設する、成田に羽田と並ぶ国際線を中心にした新空港を建設する、という国のプロジェクトが動いており、東京教育大の統合キャンパスづくりは前者の研究学園都市づくりと絡めて進めようという動きが発生した。

　しかし、大学移転問題というのは、いずれのケースでも賛否両論ぶつかり合うのが普通で、東京教育大の5学部を1キャンパスにまとめあげる問題にしても、筆者が入学するはるか以前から学内での喧々諤々（けんけんがくがく）の議論が進んできていたようだ。その問題が国主導の巨大プロジェクトの賛否両論と絡み合い、1968

年前後の学生運動の底流になっていた。国主導のプロジェクトを巡る議論は、1970年に日米安全保障条約が改定されることになる、その改定を巡る日本の進路に関連していたから、簡単には解決できない問題だった。

　この問題については、これ以上深入りしないが、ともかく、筆者が大学1年生として入学したときに待っていたのは、学内の混乱、激動だった。

　皆さんも、「東大安田講堂事件」という言葉をどこかで聞かれたことがあると思う。1968年前後には、JR御茶ノ水駅付近にあった明治大学、中央大学、日本大学等を拠点に激しい学生運動が燃えあがったことがよく知られている。フランス革命の時代に、パリコミューンが築かれたことがあった。それは、「普仏戦争後のティエール政権に抗して、1871年3月18日から72日間、普通選挙によってパリに成立した労働者の革命自治政府のこと」とされているが、1968年前後の一時期、御茶ノ水駅界隈の道路を大学の机、椅子などを持ち出し、封鎖して学生による自治空間が築かれたことがあった。学生の側は、それを「お茶の水カルチェ・ラタン」の構築として語っていた。1960年代にパリの一地区で学生による反体制運動が発生し使用された「カルチェ・ラタン」という呼称を、お茶の水に持ってきた用語である。

　この当時のことはこの程度にしておくが、筆者たちの世代は国家や社会に対する集団的不満、反発が時代精神になっていた時期に大学生時代を過ごした世代だった。

3. 大学キャンパスのロックアウトの中での学生生活の悩みと工夫

　コロナ禍のもとにある現在、皆さんも、勉強、生活全般にわたりさまざまな困難を抱えているのではないかと思う。上述したような状況の中での筆者たちが過ごした大学1年生の時の悩みは、たぶん皆さんの現在と重なっている。大学キャンパスに立ち入ることができず、先生に直接お会いし、悩みや相談事をぶつけることなどはできなかった。

　ただ、当時と今とで大きく違っている点もある。現在は情報網が社会全体に満遍なく広がっており、小型の携帯やiPadなどは、ほとんどの人に行き渡る

日常品になっている。しかし、私たちの大学生時代にはパーソナルコンピュータなどはなく、コンピュータというと理学部物理学科などに大きな箱状のコンピュータがあるだけだった。学生仲間の話では、金額は当時の価格で50万円ほどはする、ということだった。学生個人がコンピュータを所有するなどは考えられなかった時代だった。

　半面、当時の筆者たちと皆さんの現在とで似通っている悩み、課題などもたくさん思いつく。いくつか取り上げてみよう。

（1）　勉強面では
　勉強の面では、悩みや課題は何年生であるかによって違いがあると思う。
　しかし、学年の違いがあっても共通する悩みもあり、そのひとつは語学の学習であろう。

1）　外国語学習
　1、2年生は教養科目や外国語などが多くなっている。その中で私自身がもっとも悩んだのは、外国語学習だった。外国語学習は継続的に進めないと力がつかない領域である。

　筆者の学生時代には、オンラインの学習手段はなかったので、大学キャンパスで授業が行われなくなると学習そのものができなくなる。とくに外国語領域は、先生に指導されながら学習を進めることが有効で、キャンパスが閉じられたのは大きな痛手だった。

　外国語としては、1年次は英語に加え、第二外国語としてドイツ語を選択した。英語は入学した年の6月までは授業を受けることができたが、その後約1年間は授業を受けられない状態になった。しかし、学習を中断すると目に見えるように英語力が落ちていくので、ともかく大学キャンパスの外で勉強する機会を探すしかなかった。

　そこで、思いついたのは、NHKの『基礎英語』『英会話』、そして夜の11時頃からの『大学英語』を活用することだった。田舎出身の貧乏学生にとってありがたかったのは、テキストが極めて安かったことだ。しかも、NHKのテ

キストは、毎月まちなかの本屋さんのどこかに並ぶので、容易に入手すること
ができた。

　さらに考えたのは、駅の売店などに並ぶ英字新聞の購読だった。"Japan
Times" や "Asahi Evening News" "Mainichi Daily" "Yomiuri Daily" な
どは、よく購入した新聞だった。英字新聞などに着目したのは、値段はかなり
する新聞だが、高い金額を払って購入するわけだから読むだろうと、自分自身
への動機付けとしてだった。イギリスやアメリカの新聞も売店に並ぶことがあ
り、日本の英字新聞にあきるとそれらを物色することもした。

　大学1年生の時には第二外国語も始まる。筆者はドイツ語を選択したが、6
月までで授業がなくなったため、ドイツ語初歩を履修した段階でさらに継続し
て学習を進める方法を見いだすというのはかなり困難だった。しかし、どこか
にそれを求める必要があると考え、英語と同じように、NHKのドイツ語もテ
キストを購入して活用を進めた。さらには、学習院大学の夏季講座等、手当た
り次第に勉強する場所を探すということもあった。

　外国語は、2年生までで終了するが、2年生になると「基本文献購読」とい
う2単位必修の少人数ゼミが開設されており、そこではデューイ（J.Dewey）
の "The School and Society" を読むことになった。さらに、3年次にはドイ
ツ語またはフランス語の基本文献購読（2単位必修）があり、筆者はドイツ語
を選んだ。東京教育大学教育学科の専門科目では、海外の名著を原語で読む授
業が組まれていたので、1、2年次の約2年間にわたり外国語授業がなくなっ
たのは、相当の痛手だった。

　翻って皆さんの状況を考えると、大学キャンパスはロックアウトでも、オン
ラインの学習手段はあるので、その点では、学習意欲を失わない限り外国語学
習はできると思う。ただ、時間割に従ってPCに向かうというだけだと、マン
ネリ化し学習意欲が低下する可能性があるので、英字新聞を購入してみたり、
テレビなどで外国語学習をしてみたりと、自分に刺激を与える工夫が大事かと
思う。

2）　専門分野の学習

専門分野の学習は、皆さんの場合にはオンラインでできるようになっているので、大学が提供している履修ガイドに沿って受講を進めるのがよいと思う。

筆者たちが大学生だった頃に比べ、今は一段と教育指導面が改善されている。すべての授業について、シラバスが詳細に用意され、半期15回の授業それぞれで何をねらいとするか、評価はどのような手段によるか等、あらかじめ細々と大学HPに掲載されている。

その点では、筆者たち世代が大学ロックアウトで路頭に迷ったのと違い、皆さんの場合には、学習意欲さえ失わなければ専門分野の学習は基礎からはじめ、習熟段階まで進めることができる環境の中におられる。現在は、くわえて、海外の有力大学の授業なども比較的簡単に視聴できるようになっているので、要は、何を学ぶかという自分自身の学びの関心を絞り込む作業こそがもっとも重視されるべきことだと思う。

筆者たち世代には、オンラインの学習手段はなかったので、キャンパス・ロックダウンとなると、キャンパス外の学習の場を探すしかなく、キャンパスが開かれている他大学に入り込んだり、公共図書館を活用したり、さらに、よく活用したのは古書店街だった。古書店が集積していたのは御茶ノ水駅近くの神田神保町地区で、さまざまなタイプの古書店があったために、大学図書館とはまた違った面白さがあった。

作家の松本清張が毎週必ず古書店巡りをしていたことを知り、その知恵に思いをはせることもあった。

（2）　生活面では

大学生としての日常は、勉強だけで成り立ってはいない。大多数の皆さんにとって、大学生生活は実社会に出る前の最後の時間だ。大学キャンパスが開かれ、通常状態にある大学での生活も、勉強だけで1日は終わらない。

実社会に出る前のキャンパス外のさまざまな経験というのは、大学生にとって大きな意味を持っている領域だと思う。

とくに、親元を離れ大学キャンパス近くに宿を持つようになった皆さんに

とっては、自分が主（あるじ）となり毎日を過ごす生活が４年間続くことになる。自分が家の主となると、もっとよい地域の、もっとよい住まいはないか、家賃をどう稼ぐか、賃貸契約というのはどうやったらよいかなど、今まで両親の家に住まっていたときには経験しなかった諸々が発生してくる。しかし、それこそは、大学生生活の勉強面とならぶ重要な領域なのだと思う。筆者は学生時代にはほぼ２年ごとに宿を変え、アパートも下宿も宿としたことがあり、それはそれで貴重な経験になったと思っている。

　さらに、借りた宿には家具一式も必要となり、それが結婚して親元を離れるときの重要な財産になった、と話す方もおられる。

　筆者自身は、18歳の時に千葉県の房総半島を離れて東京に出たが、その後現在に至るまで自分自身が主（あるじ）となる生活をずっと続けている。皆さんも、親元を離れて大学近くに宿を取っている方は、同じような人生を今後進めることになるのだと思う。社会や政治への関わりにしても、今は大学生になると選挙権を持つことになっているので、社会をどうするか、国をどうするかなど、実社会の構成員の一人として振る舞うことが必要になる。

　大学生として大学に学ぶとなれば、学費も、住居費も、楽しみのための費用も必要になる。親からの仕送りでまかなえないときには、奨学金を活用したり、アルバイトで収入を得たりするしかない。筆者も奨学金を借りていたが、借りた奨学金は自分が背負った借金で、実社会に出て返済するべきお金である。そこで、奨学金もまた、アルバイトと同じで、自分の労働で得たお金の一部（返済はあとにして、前もって支払ってもらうもの）と言ってもよいものだと思う。

　しかし、自分が主になる生活というのは、卒業して自立する準備としては重要なものだと思う。

4. やがて訪れるポストコロナの時代への準備

　コロナ禍はいずれ収束に向かい、平穏な生活が戻ってくるのだと思う。

　それが何年かかるかを考えるヒントとして、1918 年頃発生したスペイン風邪などの状況がよく取り上げられる。地球全体に蔓延するコロナの状況を考えると、コロナ禍はそれほど短期間には収束しないかもしれない。ワクチンの開発と接種の地球大の広がりには、先進国と低開発国や開発途上国との間に格差が存在する、という WHO などの指摘もあるからだ。しかし、日本は海外とネットワークを築いており、地球上の感染症収束が日本国内での感染症収束には不可欠のように思える。

　幸いに短期に収束しても、コロナ後の社会が以前の社会の形態であり続けるかどうかは不透明と言ってよい。実際、小中高校には GIGA スクール構想の前倒しで、子ども 1 人に 1 台のパソコンの頒布が急速に進んでいる。教科書についても、数年後には電子教科書が登場する予定で、小学校から大学に至るまでの日常は大きく様変わりする可能性がある。

　その点から考えれば、今日皆さんや私たちが置かれている苦難は、コロナ禍が収束してしまえば消滅し、再びコロナ禍が発生する前の社会に戻るという見通しのもとで考えてよいかどうかという問題が残る。

　テレワークの努力の中で、東京圏などの会社等の立地の状況に変化が生まれていることが報じられている（本社の移転など）。現在我々が直面しているバーチャルな世界への適応は、長い未来を残している皆さん方にとっては、生き抜くための必須の課題と言ってよいのかもしれない。

　マクロには、東京圏と地方との関係、日本と世界との関係、あるいは、ミクロには、家族のシステムや個人と近隣コミュニティとの関係、あるいは友だち同士の関係など、我々の日常にバーチャルな世界が広がることによる生きる世界の大きな変貌が生まれる可能性がある。それは、教育の世界でも同様で、学校の配置や規模の考え方など徒歩通学や対面的な集団の形成を前提としない教育圏の構築、学校システムの築き方が求められる可能性がある。

　私たちは、コロナ禍という突如降ってわいた事態に直面している。これまでの日常が大きく様変わりした「衝撃」の中で、毎日「変化を余儀なくされることの不満」をかこちながら暮らしている面がある。しかし、それをポジティブな視点でとらえることで、コロナ禍と未来とを結びつける視点を持つことができないか。

　新型コロナウイルス感染症が収束した後にも、いずれまた違ったタイプの感染症が訪れる可能性を指摘する感染症学者も見られる。大学のオンラインの導入を未来社会からの観点でとらえることはできないか、今一度考えてみたい。

第**5**章

大きなコロナの禍の下で、教える・学ぶ

は じ め に

　学校へ行けば、教師がいて教科書がある。これまであたりまえだった学びの環境は、COVID-19 の蔓延の下では、もろくも崩壊した。キャンパスに入れない、図書館が利用できない、授業はすべてオンライン。仲間とも交われない。こんな状況で、学生や保護者から学費減額運動が、ますます広がることが予想される。休学や退学を考える人も増えている。大きなコロナの禍の下で、いやがおうでも教えること・学ぶことの意味を問い直さざるをえない。

　読者のなかには、「教育学部の学生ではない」「学校の教員になるつもりもない」という人も多いことだろう。しかし、官公庁でも、製造業でも、サービス業でも、どんな組織であっても、人間の組織である限り、外から見えないだけで教育の組織をもっている。組織のなかでキャリアを積めば積むほど、あなたは新しい情報を学ばなければならず、その新しい情報を教える役が回ってくる。あなたは、生きている限り、教えること・学ぶことから解放されることはないのである。大きなコロナの禍という外圧、せっかくの機会なので、教えること・学ぶことに関心をもってみよう。

1. ２つのオリンピックの間で

（1） 東京オリンピックの情報処理

　筆者が教育学部に入学したのは、東京オリンピックの前年のこと。心理学を選んだのは、数学が嫌いだったからである。「『心』なんだから、数学は関係ないだろう」との浅はかさを後で悔やむことになった。周りを見れば、先生たちも先輩たちも、計算ばかりしている。偏差値もキャリア・ガイダンスもない時代だったからしかたがないことだった。

　で、その計算、例えば、$\sqrt{23.452}$ を求めるとき、学生にとっては紙と鉛筆とそろばんが身近な武器。理数に強いと、計算尺や手回し計算機を使う人もいた。ものすごい音がする電動計算機は学科に１台、もちろん学生はふれることができなかった。悪戦苦闘した挙句、いつも計算間違いを指摘された。想像できるだろうか、東京オリンピックの競技成績の集計は、なんとか IBM の汎用の事務用計算機を８台組み合わせたシステムで処理された。その一台一台は、この原稿を書いているノートパソコンとくらべれば、ゴミみたいな代物だった（竹下、1965、2012）。そもそも、パソコンなど影もかたちもなかった。電卓さえも街中でみることはなかった。

（2） 教具史観

　教育学部に入ると、たいてい、教育の歴史をはじめに学ぶ。「教育とは何か」「教育はどうあるべきか」という言説を人物の名前とともに学ぶのである。これは、それらの言説をまとめた書物が「物（ブツ）」として残っているからである。これを第一次資料として、教育の歴史研究が積み重ねられていく。でも、そこからは、教えている教師の姿も学ぶ児童・生徒・学生の様子を、ほとんどといってよいほど、思い浮かべることはできなかった。

　筆者の興味をひいたのは、城戸（1939）の「教具史観」だった。それは、次のように述べている。

　　文化の歴史とは、人間の社会生活を可能にする道具の発達の歴史であった。それから類推するならば、文化の創造を目的とする教育技術の歴史は、教具の発達の歴史であったといえる。

　この「教具史観」に影響を与えたのは、ラジオの学校放送だった。そこで、教育の歴史を図5-1のように整理してみた（河野・小池、1978）。これによって、歴史の次のステージを予想できると考えた。私にとっては、初めて分担執筆者として名前が掲載され、稿料をいただいた記念の本だった。今でもかなり気に入っている。

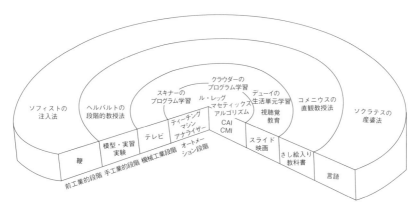

図5-1　外的制御から内的制御へ
(河野・小池、1978)

（3）外的制御から内的制御へ

　図5-1のバームクーヘンの年輪面には、教育（授業）の理論を記した。外側ほど古い時代である。前工業的段階・手工業的段階・機械工業的段階・オートメーション段階、それぞれの断面には各時代に使われた教具を並べた。そもそも、この図を描くきっかけになったのは、従来の教育の理論を否定し、プログラム学習とティーチングマシンの必要性を説いたスキナー（Skinner, 1961）の次のことばだった。

① 教育の方法について、はっきりした見通しのたった研究が少なかった。教師は子どもを教室に縛り付ける努力に追われ、認識を育てる点で間接的であった。<u>学習の外回りをグルグル回る方法では、学習が成立することもあるが、学習が成立しないこともある。</u>（下線は筆者）

② 新教育（筆者注：デューイなどの）は、生活単元を重視し、教室内に実生活的操作を持ち込むことに努力した。これは、まわりくどい方法である。

③ 視聴覚教育は、コミュニケーション内容が豊かであることばかりに気をとられて、教育的に子どもに効果をもたらしたかどうかの点がお留守になる。

2. プログラム学習とティーチングマシン

（1） なぜプログラム学習が必要か

前回の東京オリンピックは、機械工業的段階で開催された。カラーテレビが最先端の物（ブツ）だった。東京オリンピックは、「テレビオリンピック」とも言われ、日本の放送技術の高さを世界に示したイベントとなった。

オートメーション時代に入り、コンピュータが教師 ― 生徒の間に割り込み、人間 ― 機械 ― 人間という繋がりを生み出すことが期待されてはいた。

筆者は教育学部の２年生になって（オリンピックの年である）、堀内敏夫教授から、次のようなプログラム学習の話を聞いた。

スキナー先生が、オペラント条件づけの理論で、プログラム学習の研究をしている。その特徴は２つある。

① 教室のすべての生徒が、100点をとることができる。

② 生徒の個人差は、100点とるまでに必要な学習時間の差としてあらわれる。でも、最後は、全員100点である。

そして、「アメリカでは、大学のコンピュータと小学校の教室を結んで授業を始めた」とも聞いた。その日のうちに研究室を訪ね、弟子入りした。小学生のときから、学ぶことに自信がなかったからである。

（2）　プログラム学習の原理

　『教育心理学』の教科書を開けば、必ず、「プログラム学習の５つの原理」の説明が載っている。でも、残念ながら、教育史の１コマとしての扱いでしかない。実際に、教科書の具体的な教材をプログラム学習化する体験をすることはない。

　では、ここでいったん中断して、次のサイトで「プログラム学習の実際」にチャレンジしてもらいたい。３ページにわたる印刷教材をダウンロードして、実施法にしたがってほしい。答えを書く黒鉛筆と〇付け用の赤鉛筆を用意し、学びにかかった時間も測ってみよう。

【プログラム学習の実際】
https://tandl.jp/index.php?%E3%83%97%E3%83%AD%E3%82%B0%E3%83%A9%E3%83%A0%E5%AD%A6%E7%BF%92%E3%81%AE%E5%AE%9F%E9%9A%9B

　いかがだっただろうか。学びの確認のための問題を３つ用意した。挑戦してみよう。

　問１　河野教授は、夏休みの宿題のレポートを採点して、12月20日に返却した。これは、　　　　　　　　　　の原理に反する。

　問２　まったく泳げない花子を指導するために、先生は花子をいきなりプールへ投げ込んだ。これは　　　　　　　　　　の原理に反する。

　問３　太郎が算数の問題を解きおわらないうちに、先生は答えの解説をはじめた。これは　　　　　　　　　　の原理に反する。

　３問とも正答だろうか。普段は、教室の後ろで、できた人から答え合わせをし、３問正答の学生から休憩に入る。１問でも間違えたら、「ダメ」とだけいって、やり直しをさせる。

　この「ダメ」は機械的KRという。反対は意味的KRである。両者の違いを調べて、ノートにまとめよう。資料を書き写すのではなく、教師として学生に説明するつもりで作業しよう。たいていの教室では、２回のダメ出しで、３回目には全員が休憩に入る。身をもって、前ページの①②の特徴を体験することができる。

（3）３つの情報の流れ

　教室のなかで、教師の仕事は３枚のプリントを配布するだけである。黒鉛筆と赤鉛筆を出すように指示して、実施方法を説明する。５つの「プログラム学習の原理」については、一言も説明しない。それなのに、すべての学生が全問正答する。なぜだろうか。

　図5-2は、プログラム学習がなぜ、全員正答になるのかを説明するモデルである。３つの情報の流れがみえるだろう。これが、大切なのである。

① 教材内容の提示

　　よく見知っている授業では、教師から教材の内容が提示される。教師の声に加えて、教科書・黒板・プリント・ビデオ・プロジェクターが使われる。近頃では、IT化の名のもとに、電子黒板も導入されるようになった。プログラム学習では、この教材提示にあたって、たくさんの情報を一度に提示するのではなく、少しずつ提示することを提唱している（スモールステップの原理）。

② 学習者の反応

　　情報が提示されると生徒が反応する。教師の説明をノートにまとめたり、教師の問いかけに答えたりする。それだけではなく、「この話は大切だ」「この話はよくわからない」「この話は先週みたテレビ番組と関係している」といった外に見えない反応もある。プログラム学習では、心の

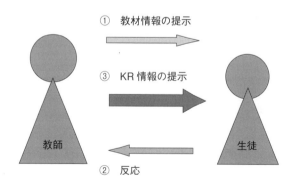

図 5-2　授業における３つの情報の流れ

なかの見えない反応ではなく、外からみえる反応の有効性を説いている（積極的反応の原理）。

③　KR情報

141ページに、「2種類のKRを調べよう」と書いた。学習者の反応が正しいか、間違っているかの情報を学生に伝える。教育心理学の教科書では、「結果の知識」という訳が使われている。

この3つの情報の流れが絶えず繰り返されることにより、教材の学びが一人ひとりの学習者に保障される。スキナーは、このプロセスを制御する装置をつくり、Teaching Machineと呼んだ。みなさんは紙に印刷されたものを使った。これは、Book Machineと呼ばれた。パソコンはまだ生まれていなかった。コンピュータがこのプロセスを制御するCAI（Computer Assisted Insulation）が考えられた。筆者は、日本における初期のCAIの研究に関わったが、当時のコンピュータはABC・イロハ・123しか使えないもので（もちろんモノクロで）、とても日本語の教材提示に使える代物ではなかった。教材は、コンピュータのディスプレイの隣のマイクロフィルムで示した。

（4）　なぜプログラム学習は普及しなかったか

「スマホ依存症」といわれ、片時もスマホを手放せない子どもや大人の存在が問題視されている。この依存の原因が、図5-2に示した3つの情報の制御の自動化にある。ですから、一度はまると抜けられなくなる。

図5-1をもう一度見直してほしい。バームクーヘンの中心に、プログラム学習・ティーチングマシン・CAIが位置づいている。将来のコンピュータの進歩・発展を見据えながら、教師（人間）―学習者（人間）の間にプログラム学習・CAIという物（ブツ）を差しはさむことにより、学習を制御する仕組みが明らかになった。そこで、学びのオートメーション（自動化）への道が開けることが期待された。

しかし、次のような理由でプログラム学習は学校現場から姿を消した。

①　「超」が付くほどのアナログ時代であった。他の教室で使ったりバージョンアップしたりするとき、ゼロから作業をしなければならなかった。

② パソコンがどんどん新しいシステムになった。そのため、新旧のパソコンが混在していてそれを習得するのに追われ、教育の研究が追いつかなかった。

③ 教材をパソコンにのせる簡便なオーサリング・ソフトがなかった。そのため、作業時間が膨大になった。教師の手には負えなかった。

④ 基盤となる心理学の理論が、行動主義であった。そのため、教材の学びに有効な認知学習活動が注目されなかった。

コンピュータの発展により「知的CAI」への夢も語られたが、学会の論文集の中だけのことだった。そのため、いつのまにか、黒板とチョークに戻ってしまったのである。

（5） 東京2020

この原稿を引き受けたとき、延期された2回目の東京オリンピックを開けるのか、それとも中止するのか、2回目の緊急事態宣言下で、議論が沸騰していた。

学習の制御の観点からすれば、現在では、図5-1の中心に「情報ネットワーク段階」とも名づけられるもう一つの輪が増えた。東京2020は、全世界の人々がインターネットの恩恵の下に楽しむことができるのである（あるいは、その予定だった。結果的にオリンピックとパラリンピックは、開催された）。

コンピュータがスタンドアローンといわれ個々に独立していた時代、コンピュータが専用回線でつながれた時代、大きなパラボラアンテナでつながれた時代、そして現在はすべてのパソコンがインターネットにつながる時代になった。ノートパソコン・タブレット・スマホと機器は小さくなり、それに反比例して扱える情報の量は大きくなり、データ処理の速さも増した。筆者の現役時代、ほんの20年前のことですが、授業の共同研究をいくつかの大学間でするためにVTR映像をどのように共有するか、そのシステムの構築が科研費のテーマだった。You Tubeなど夢にも思いつかなかった。

3. コロナ禍の影響

（1）企業の脱東京

　情報ネットワーク段階になり、企業ではペーパーレスをはじめとして、フレックスタイム、フリーアドレス、コミュニケーションスペース、リモートワーク、サテライトオフィス、ワーケーションなど、改革のためのカタカナ語が飛び交っていた。都心の乗換駅には、ワークブースが目立つようになった。これらは、コロナ禍の以前からのことで、コロナの蔓延がこの動きに拍車をかけた。

　在宅勤務（テレワーク）を迫られた企業は、都心にあったオフィスの縮小や本社機能の地方移転を模索している。勤める人たちも、交通の便利な都心のマンションから、在宅勤務の部屋が確保しやすい郊外の戸建てに関心が向かっているようである（もちろん、すべての業種にあてはまるわけではないが）。

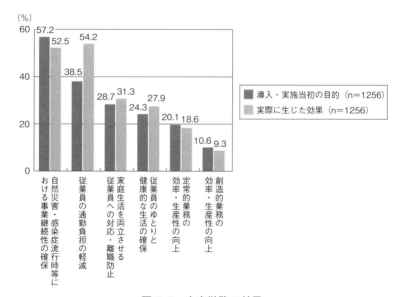

図 5-3　在宅勤務の効果
（三菱 UFJ リサーチ＆コンサルティング、2020）

　三菱 UFJ リサーチ＆コンサルティング（2020）によれば、在宅勤務を取り入れた企業の意識調査の結果では、導入・実施を決めるときに予想していた目的よりも実際に生じた効果の方が大きくなっている（図5-3）。

　企業は、コロナの前から、働き方改革に関心をもっていた。効果が明らかになれば、投資をする。ですから、企業は在宅勤務が円滑に進められるように、パソコンの支給をはじめとした環境整備のための補助を積極的に行う。税務当局も、確定申告において電話料金の一部を必要経費として認める方針を出している。コロナは、改革を後押しすることになった。

（2）　大学の都心回帰

　文部科学省は、パソコンが進歩するたびに、学校でのIT活用を視野に環境を整えてきたが、その進捗状況は遅々としたものだった。何しろお金がかかることなので。ところが、インターネットの急速な発展に後押しされるかたちで、GIGAスクール構想をもたてた（文部科学省、2000）。しかし、「コロナに対応するために、いざ最先端のIT技術を駆使して遠隔授業を」と思いついたところ、条件が整っていないことが判明した。慌てて、小・中学校の子どもたちにタブレットとモバイルWi-Fiを配布した教育委員会も出てきたが、毎日・毎時間の遠隔授業を実施するだけの教材コンテンツがない。もう一つの物（ブツ）である教材コンテンツがなければ、パソコンもタブレットも役にたたない。

　では、大学はどうかというと、コロナの蔓延の前から、都心回帰の動きが活発だった。あるとき、都内の一等地にあったキャンパスを広々した八王子の郊外（山の中といってもよい）などに移転していた。それを、つぎつぎと都心に戻しはじめた。高層ビルを建てて。学びの場としてのコンセプトも変わった。教室と廊下しかなかった建物のあちこちに、学生同士のコミュニケーションスペースがつくられた。Wi-Fiがつながり、コンビニまで店びらきしたりしていた。

　そこをコロナが直撃した。キャンパスが封鎖され、遠隔授業を余儀なくされた。校舎は近代的なビルになり、教室にはもれなくプロジェクターが設置

された。ところが、そこで行われる授業は旧態依然のままであることが露呈した。e-learning の取り組みもあったが、基本の教室に集まることから脱していなかった。ここで「大学の授業」というとき、ターゲットになるのは、100 人、ときには 300 ～ 400 人もの学生に 1 人の教員が対応するいわゆる「講義」と呼ばれるものである。個別の卒論指導やその前提のゼミ、また少人数の演習はネットの会議システムに容易に移行できると予想された。大学でいつも問題になるには、大教室でのいわゆる「講義」である。

　また、学生の側でも、スマホを自在に使っていても、家庭に Wi-Fi 環境が整っていなかったり、パソコンやプリンターがなかったりする者が少なからずいた。

（3）　大学の対応

　文部科学省（2020b）の「大学等における後期等の授業の実施状況に関する調査」では、調査対象校のうち 50.4%で、授業全体の半分以上を面接授業で実施していると回答している。5 月の調査では、面接授業 3.1%、ハイブリット（面接と遠隔の混在）6.8%、遠隔授業 90.0%だった（文部科学省、2020a）。半年の間に、学生をキャンパスに集めるために大学はたいへんな努力をしたことを示している。

　各大学からの回答も興味深い。芝浦工業大学の報告では、学生からの「満足であった」の回答は、遠隔授業による講義科目では約 80%、演習科目では 70%、実験・実習科目では 60%となっている。演習科目と実験・実習科目に参加する学生の人数は少なくないので、学生が使っているノートパソコンの画面サイズでも十分に参加者の顔が識別できるので遠隔授業に向いていると予想していたが、満足度はあまり高くない。やはり、これらの科目は密な対人関係が求められているのであろう。

　一方、遠隔授業による講義科目での約 80%の「満足」は、筆者の予想を超えるものだった。普段の大教室での講義では、ともすると授業の課題に関係ない行動をとりがちである。ところが、パソコンの画面に一人で向かっていると、プログラム学習のいう自己ペースで学ぶことができ、集中度も高くなり、

そのため課題への自我関与が高くなったことが想像される。またオンデマンドの場合の、「繰り返し見ることができた」という感想も注目される。

　さらに興味深いのは、遠隔授業を中心とした授業で前年度・前々年度よりも成績が向上したことである。その理由として「授業外学修時間の増加」があがっている。学生のネットワーク環境を調べ、それを整えるための奨学金の貸与とノートパソコンの貸し出しが行われた。いろいろな大学の教員に聞くと、スマホで遠隔授業を受けている者、Wi-Fi はもとよりプリンターもない者の話がでる。芝浦工業大学では、学生の学びの環境を改善する取り組みが功を奏したようである。

　教員の授業対策としては、Zoom や Microsoft Teams の扱いや反転授業等の研修が行われ、同時双方向型や同時双方向＋オンデマンド型（ハイブリッド）など、遠隔授業への工夫に取り組んでいる。教員の IT 活用能力の底上げが功を奏したわけである。

　いずれにしろ、授業の記録が「物（ブツ）」として残されているので、エビデンスを得るために、細かなビデオ分析が待たれるところである。これをもとに、情報ネットワーク段階の新しい「講義」の仕組みをつくりだしたいものである。大学の生き残りをかけて。

（4）　OHP 型とアナライザー型

　教育学部の研究室にパソコンが入ってきたとき、小学校でも大学でも教室で最先端の教育機器は OHP とアナライザーだった。今時の学生は、おそらく、どちらも見たことがないだろう。パソコンは、先にふれたように CAI の可能性を秘めていたが、教室で授業に使えるめどなどはなかった。Excel も Wordも姿さえなかった。教師のためのパソコン研修では、3桁の数字を10回連続で加算するソフトをつくる練習をしながら、「電卓とパソコンとどちらが便利か」といった話し合いをしていた。「電卓」の大合唱だった。そこで50回連続加算の課題を与えた。まさに、計算機だった。

　そんな時期に、パソコンは OHP 型になるのかアナライザー型になるのかを予想してみた（河野、1992）。OHP は、超アナログだったが、資料を拡大し

てスクリーンに投影（プロジェクト）できた。はじめは専用のペンで書いた文字と線画だけだったが、そのうち写真を処理できるようになった。日本の教師は工夫が得意なので、理科の実験を投影して見せたりした。アナライザーは、個人の学習机の隅に3択のスイッチを置いたものである。教師の問いにスイッチを押して答えると、教卓のところで教室中の反応を確認できた。正答であれば個人の学習机にランプが点く。配線工事も必要だったので、いまどき100人の子どもにタブレットを配るのと同じくらいの予算が必要だった。

　図5-2をもう一度みてほしい。OHPは、①の教材情報の提示に革命をもたらした。これがないときは、写真屋でスライドのコマを作ってもらわなければならなかった。「この写真をみせたい」と思いついても、明日の授業には間に合わない。自作ができなかったのである。

　アナライザーは、②と③の機能をもちあわせていた。しかし、教室には浸透することなく、先進校や大学の教室からもすぐに姿を消した。高価な備品だったので、すぐには廃棄されずに倉庫でゴミのまま保存されていた。なぜか。授業のなかでアナライザーを使いこなすには、プログラム学習ほど細かくなくても、②のための「発問の系列」を事前に準備する必要があったからである。授業の準備を事前に済ますということが、昔も今も、教師には難しいのである。特に、教科担任制でない小学校では厳しいだろう。

　OHPは、今では、パソコンにつなぐプロジェクターに変わった。アナログ図版だけでなく、音声やビデオ映像もデジタル処理できるようになった。講義のための教材づくりが、格段に便利になった。小学校では年度ごとにちがった学年の授業をするが、大学では基本的にシラバスに沿って同じ授業科目を担当する。だから、作成したpower pointなどの教材は、少しずつバージョンアップしながら使いまわしできる。河野・小池（1978）では教材のデータバンクの機能をもった教育情報センターの設置を提唱したが、情報のデジタル処理が可能になっても広がらなかった。小学校でも大学でも授業のコンテンツの準備は、個々の教師にゆだねられてきた。加えて、「著作権問題」がクローズアップされるようになり、授業づくりの共同化が進展しなかった。

　コロナ禍の下、学校から姿を消したCAIは、塾や予備校などで花開いてい

る。デジタル授業やデジタル教材もたくさん準備されている。コロナ禍の下で、これらのテレビコマーシャルをたくさん見るようになった。保護者の財布はますます開くことだろう。

4. 教えること

　コロナ禍の下で、授業について考える機会が増えた。ここでは、教えることについて改めて考えてみよう。

（1）ファカルティ・デベロップメント
　大学では、この20年来、ファカルティ・デベロップメントに取り組んできた。大学の自発的なというより、上からの要請というのが正直なところだった。ファカルティ（Faculty）は、大学の学部のことである。はじめは、落ち着きのないコトバでしたが、だんだん馴染みのコトバになった。Faculty と Development が合わさると、大学における教師の教え方を改善しようという意味合いになる。大学教員の終身雇用があたりまえだった日本の大学では、馴染みのないコトバだった。「大学院設置基準」（2007）と「大学設置基準」（2008）の一部が改正された。各大学には FD の研究・研修を推進する組織がつくられた。こうした改革の背景には、「授業がおもしろくない」「教師の話し方がへたくそ」といった、学生の思いがあった。なんだか、最近の首相の演説や答弁に対する批判に似ている。これについては、次のサイトを参照してほしい（https://www.tandl.jp/index.php?FD%E4%BA%8B%E5%A7%8B%E3%82%81）。
　「学生に授業の評価ができるのか」「出席率80%以上の学生に限定しろ」など、教師側からの反発もあったが、すっかり定着したようでボーナスや昇給の査定に生かすところもでてきた。法律もかわり、補助金の申請をしなければならない大学にすれば、学生の授業評価を拒否する余地は残されていなかったのである。

（2）　授業をみる

　教育学部では、「授業の見方」についていろいろな授業科目で指導する。授業のVTR映像がアナログからデジタルになり、パソコンで処理できるようになった。図5-4は、教育実習生の授業VTR映像をみて、教育学部学生、附属小学校教員、大学教員に評価してもらった結果である（河野、2019）。多くの大学の授業評価も、このようなプロフィールで報告されることだろう。評価者によって、同じ授業のビデオ記録をみても評価がちがっている。学生が学生の授業を評価すると、たしかに甘いといえる。学生が大学教員の授業を評価する場合には、これとは逆の作用が働くことだろう。

　周りの大学教員に聞いて回ると、「遠隔授業の映像はすぐ消している」と応える人がめだった。もったいない。自分の遠隔授業の映像記録が「物（ブツ）」として手元にあるなら、これを繰り返しみてほしい。自分の話し方の癖（良い点も悪い点も）をカードに書き出してみよう。学生がノートをうまくとれるような速さで話しているかなどのエビデンスをチェックするのもお勧めである。

（3）　授業のモデル

　普段の授業は、意識的にビデオ録画しなければ、空気のように消えてしまう。小学校の先生は、近頃では、「授業をビデオに撮らせてください」と頼むと、あまり嫌な顔をしなくなった。授業研究会のときには、教室に複数のビデオカメラが持ち込まれる。ところが大学の場合、あからさまに断られる。コロナ禍の下での遠隔授業、いやがおうでも「物（ブツ）」としての映像教材を準備しなければならない。そして、それは手元に残る。

　新しく授業を準備したり（これを、授業をデザインするという）、授業を評価したりするとき、授業のモデルが頭のなかにあると便利である。授業のモデルは研究者によってさまざま提供されている。河野（2020）では、①授業のストラテジー、②授業のスキル、③授業のタクティクスの3つの要因からなるモデルを提唱している。人間 ― 人間の普段の授業では、厳密にデザインしなくても、なんとか授業を進めることができる。ところが、機械 ― 人間の遠隔授業では、厳密に設計しないと途中でストップしてしまう。いわゆるバグ状態

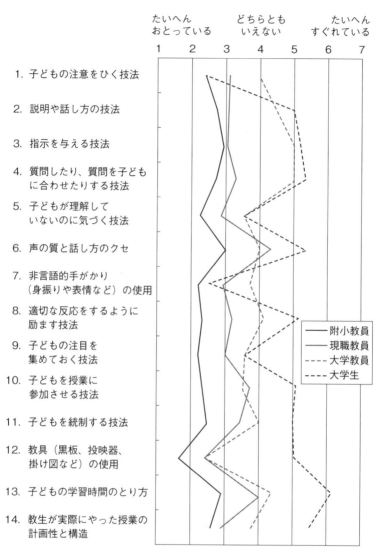

図 5-4　教生の授業 VTR 映像を評価する

になる。

　ちなみに、面接授業にするか、遠隔授業にするか、教科書やプリントを配布するか、ビデオを見せるか等を決めるのは、授業のストラテジーの問題であ

る。どんな姿勢で話すか、どのくらいの速さで話すか、どんな表情で話すか、どこでジェスチャーを入れるかは、授業のスキルの問題である。授業のタクティクスは、授業の準備でいちばんたいせつである。学び手の認知を形成するための認知学習活動の系列を考える。期末試験の成績を左右するのは、この系列の質である。141 ページの「プログラム学習の原理」でダウンロードしたプリントを見直してほしい。「プログラム学習の第 1 原理は、『小さなステップの方がらくに学習できる』ということです。これをスモールステップの原理といいます」を 10 回もノートに写させる教師はいない。それぞれの原理のためにどんな問いが準備されていたか確認してほしい。

（4）パブリック・スピーキングスキル

　大学の FD 委員会の研修会に講師として呼ばれると、「大学の授業について」「効果的な板書のしかた」「アクティブ・ラーニングについて」などのテーマを依頼される。ふだん話し手である大学の先生方は、明らかに興味を示さない。そこで、「足をみてください」「多数決をします」「AB どちらの足でしたか」と切り出す。これは、聞き手の学生が表出する非言語的手がかりである。こんなことから始めて、「パブリック・スピーキングスキルについて、みなさんと考えてみたいと思います」と中味に入る。FD 研修会では、大学・教室・授業・教師という用語をできるだけ避けるようにする。多くの大学の教員は、「自分は授業がじょうずだ」と思っている。筆者自身もそうなのだが、これは善意の思い込みである。この善意の思い込みがなければ、毎日学生の前に立てないかもしれない。

　菅前首相に不足しているのは、このパブリック・スピーキングスキルである。逆に、オバマ氏が大統領に選ばれたのは、パブリック・スピーキングスキルの巧みさだといわれている（東、2003）。このスキルは授業のスキル、つまり教室内のコミュニケーションを円滑にするものである。

　図 5-5 は、放送大学の授業・民報の番組・教会の牧師の説教・結婚披露宴の祝辞・学会開会式でのスピーチ・マイクロティーチングの演習ビデオなどの音声記録を分析したものである（河野、2014a）。x 軸は一人称（私・私たち）、

y軸は二人称（あなた、あなた方、みなさん）の出現率を偏差値に変換した値をクラスター分析にかけた結果を示している。一人称と二人称の両方とも出現率の高い第1象限のスピーチは、予想した数がなかった。明らかになったのは、ラジオ放送大学に登壇する先生方（e1，e2）や大学教員（f1）それに初めて人前で授業をする消防大学校の研修生（g1，g2）が、第3象限のクラスター（CI）を形成していることである。これは、「私と学生のみなさんは、一緒の場で学んでいます」という雰囲気づくりに失敗していることを示している。クライエントとの対話を大切にしている教育カウンセラー協会の元会長さんの学会

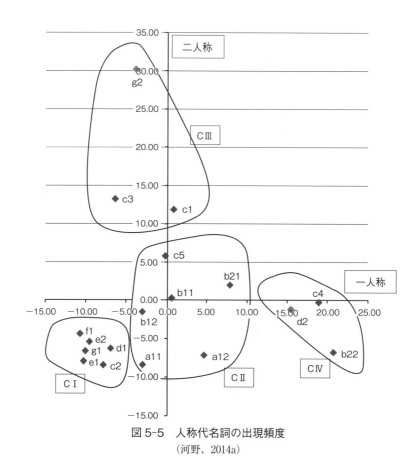

図 5-5　人称代名詞の出現頻度
（河野、2014a）

開会式の挨拶は c4 なのに対し、同じ場面での会場校の学長の挨拶は c2 であった。ちなみに、筆者の 2 回のラジオ番組は b11 と b12 であった。

5. 学 ぶ こ と

授業の改革・改善は、教える側に注目するだけでなく、学ぶ側にも注目することが必要である。これは、SD（student development）と呼ばれている（河野、2013）。

（1）　アクティブな学習者

キャンパスが封鎖され、教師や仲間と顔を交えての学びができなくなった。こうなると、「学校に行きたくない」「勉強はおもしろくない」といったことは、昔話となる。学ぶという行為の見直しが迫られる。これまで、学ぶという行為は、どちらかというと受け身の行為だった。だから、「勉強はなんのためにするか分からない」「勉強はおもしろくない」という思いにとりつかれていたのである。

大学で、教える側が FD の研修で、アクティブ・ラーニングにたどり着いた。ラーニング（learning）となっているが、発想は教え方の改革である。溝上（2014）は、「一方的な知識伝達型講義を聴くという（受動的）学習を乗り越える意味での、あらゆる能動的な学習のこと。能動的な学習には、書く・話す・発表するなどの活動への関与と、そこで生じる認知プロセスの外化を伴う」と説明している。もともと、教育の世界でよくある輸入された理論である。アクティブ・ラーニングを提言する研究者がよく引用する『Active learning: Creating Excitement in the Classroom』（Bonwell & Eison, 1991）で批判されているのは 1960 年代の大学の教室での lecture の姿である。筆者が学んだ 1 回目の東京オリンピックの時代の大学の教室では、教授がノートを読み上げ学生は逐語記録をつくった。「教育は子どものレディネスに応じてなされなければならない。マル」のところで、学生は一斉に読点を書き込んだ。

「聞くことからは学べない」という警句は、孔子からの引用とのことであるが、出典ははっきりしない。はっきりしているのは、1960年代の学生が30年後に大学の教師になったとき、自分たちが受けた大学の授業を批判していることである。でも、この間、教材教具の発展が反映され、一方向の講義は減っているはずであるが。

「もう大学では、講義ができないのですか」と、FD研修会の場で真顔で質問する大学教員がいる。今は、どうやってアクティブ・ラーニングをつくるか、教員が笛の吹き方に悩んでいる。しかし、「笛を吹かれて踊る」ことになれてしまうと、学生は笛が吹かれなくなると踊らなくなってしまう危険がある。褒美がなくなると勉強しなくなる小学生と同じである。心理学の教科書を開いて、「強化スケジュール」について調べてみよう。

そこで、筆者は、教え方がどうであれ、学び手の学生には、自らをアクティブ・ラーナー（active learner）に衣替えすることを勧めている（河野、2013）。教員は「笛吹けど踊らず」と学生を批判するが、「笛が吹かれなくても踊る」と変わることが大切なのである。60年代にもそれ以前にも、自ら踊る学生は少なからずいた。だから、大学はずっと続いてきたのである。「笛を吹かれて踊る」ことになれてしまうと、学生は笛が吹かれなくなると踊らなくなってしまう危険がある。

（2） 成熟した学習者

これからの大学生がめざす理想の学び手像は、「成熟した学習者」になることである（河野、2014b）。成熟した学習者とは、①自分の学びの目標をもっている学習者、②自ら学んでいける学習者、である。では、なぜ、学生自身が成熟した学習者をめざすのだろうか。その理由は、①情報がどんどん増えていくこと、②情報がどんどん変化していくことである。

先にふれたように、筆者の研究生活は2つのオリンピックに挟まれた時期だった。心理学の学びのために費やした時間とパソコンの学びに費やした時間が半々だったような気がする。お金もたくさん投資した。今でも、書斎の机の前には「パソコンの学び」というファイルが置いてある。「後期高齢者だから、

もうおしまいにするかな」と思っていたら、この1年Zoomなどを学ぶ羽目になった。

　では、成熟した学習者になるための条件を整理してみよう。小学生のときから、はじめたいものである。

①　知らないことを恥ずかしいと思わない

　日常生活のなかで、漢字や英単語を思い出せないことはよくある。教科書に載っていたのか、載っていなかったのか。載っていたけれども、忘れてしまったのか。こんなとき、理由を詮索しても始まらない。また、恥ずかしいと思ったり、自分をダメ人間と思ったりする必要もない。ただ、「今は知らない」「思い出せない」ことを確認するだけでよいのである。

②　必要な情報を集める手だてを身につける

　ひと昔前、大学の教室で「弁当は忘れてよいが、辞書は忘れないこと」と、教訓めいたことを話していた。青年心理学の1回目の授業では、「青年期は、シップウドトウの時代と呼ばれてきた」と話し、黒板のカタカナを漢字にする作業をする。一人でも国語辞典を携帯している者がいたら、最大限に褒めることにしていた。そして、黒板に書いてもらう。あるときから、電子辞書が鞄に入るようになった。今では、すっかりスマホである。ノートパソコンをインターネットにつないで自慢していた時代が、懐かしく思い出される。とにかく、忘れたこと・知らないことは、いつでもどこでも調べることができればよいのである。

③　知らないこと・分からないことを人に聞ける

　昼のニュースをみていたら、河野さんという自衛隊の統合幕僚長の映像が流れていた。胸に勲章をたくさんつけていた。「戦争がないのにどうしてあんなに勲章をつけているのだろう」と、不思議に思ったので、試しに「自衛隊・勲章・河野」の3つのことばを質問サイトに入力してみた。ほんの冗談のつもりだった。

　夕方、パソコンを立ち上げたら、なんと、「勲章は旧軍のことば。自衛隊では防衛記念章。どんなときに授与されるか……」と、詳しい回答が寄せられていた。誰がどのように筆者の疑問をチェックし、たちどころに回答

を書きこんだのだろうか。その間、いずれも匿名であった。IPアドレスは、チェックされていたのかもしれないが、ちなみに「カワノ」さんだった。

「授業中にわからないことがあったら、先生に聞く」。これは、教師や保護者のビリーフである。しかし、教科書とノートをもって、職員室に行けるのは、何人いるだろう。どうしても、恥ずかしさが、先立ってしまう。わからないことを人に聞ける、これは「援助要請行動」というキーワードで研究されている。

④　知っている人・分かっている人を友だちにもつ

「ググル」ということばがあるが、顔見知りに「知っている人・分かっている人」がいるのは、心強いものである。数学の得意な人、英語の得意な人、コンピュータに強い人等、いろいろな分野で強い人がいる。企業では、こうした人脈づくりを積極的に奨励している。学校だけが、「教師はなんでも知っている人、生徒はなにも知らない人」という旧態にしがみついてはいないだろうか。

⑤　新しい情報を知ったとき喜ぶ

授業中だけでなく、テレビを見ていて、新聞や雑誌をみていて、「この話は初めて知ったよ」と、喜べるだろうか。エリクソン（Erikson）は小学生の発達課題を「生産性 vs 劣等感」と説明している。本書を手にしたみなさんが、「これは初めて読んだ」というものが提供できていれば幸いである。

⑥　自分の考えをもち、自分の考えを発信する

小学生のとき作文の練習をさせられて、書くことがきらいになった経験をもつ大人は少なくないだろう。しかし、IT時代になり、誰もが情報を発信できるようになった。文字情報だけでなく、動画の映像も発信が手軽になった。テレビ局からオファーがなくても You Tuber として高額の収入を得ている人が増えてきた。これまでの作文の授業は情報発信の練習の意味しかなかった。現在では、子どもでも自分の考えや意見を海外に向けても発信できる。出版社に原稿を持ち込まなくても、本が出せるようになった。学生たちは動画の編集も、音楽を入れ指定した尺できちんと作成する。よい大学に入って、よい会社に採用されて、年功序列で……という旧来の発想から解

放される時代になった。

　「遠隔授業はつまらない」などと不満をいっているときではない。よい時代になったのだから、楽しもう。

文　献

東　照治（2009）『オバマの言語感覚：人を動かすことば』生活人新書、NHK 出版

Bonwell, C. C. & Eison, J.A.（1991）*Active learning: Creating Excitement in the Classroom*, Wiley.

溝上慎一（2014）『アクティブラーニングと教授学習パラダイムの展開』東信堂

竹下　亨（1965）「オリンピックの情報処理」『情報処理』6（3）、pp.140-148

竹下　亨（2012）「東京オリンピックの情報システム・プロジェクトを回想して」『情報処理』53（1）、p.65

城戸幡太郎（1939）『生活技術と教育文化』賢文館

河野義章（1992）「パソコンの行方 ― PHP 型かアナライザー型か ― 」『福島県教育センター所報ふくしま』No.102、pp.2-3

河野義章（2013）「学業発達」日本教育カウンセラー協会 編『新版 教育カウンセラー標準テキスト　初級』図書文化、pp.146-155

河野義章（2014a）「パブリックスピーキング・スキルの研究 ― 対話をイメージさせる要因 ― 」『昭和女子大学生活心理研究所紀要』16、pp.95-102

河野義章（2014b）「よりよい学習者を育てる」日本教育カウンセラー協会 編『新版教育カウンセラー標準テキスト』図書文化、pp.185-195

河野義章（2019）「授業をみる・語る・研究する 4-Mix 型の授業の知覚」『指導と評価』65（8）、pp.54-55

河野義章（2020）「授業研究の要因」河野義章 編著『授業研究法入門』（第 6 刷）図書文化、pp.6-14

河野義章・小池栄一（1978）「学校における教育工学」田中熊次郎 編著『学校社会心理学』学苑社、pp.115-148

三菱 UFJ コンサルティング＆リサーチ（2020）「テレワークの労務管理等に関する実態調査（速報版）」https://www.mhlw.go.jp/content/11911500/000694957.pdf（2021 年 2 月 1 日アクセス）

文部科学省（2000）「GIGA スクール構想の実現パッケージ～令和の時代のスタンダードな学校へ～」https://www.mext.go.jp/content/20200219-mxt_jogai02-000003278_401.pdf（2021 年 2 月 1 日アクセス）

文部科学省（2020a）「新型コロナウイルス感染状況を踏まえた大学等の授業の実施状況」

https://www.mext.go.jp/content/20200527-mxt_kouhou01-000004520_3.pdf（2021 年 2 月 1 日アクセス）

文部科学省（2020b）「大学等における後期等の授業の実施状況に関する調査」

https://www.mext.go.jp/content/20201223-mxt_kouhou01-000004520_01.pdf（2021 年 2 月 1 日アクセス）

Skinner, B. F., 1961, Why we need teaching machines. *Harvard Educational Review*, 31, 377–398.

第 **6** 章

新型コロナウイルスと日本社会、そして改革の提言
― コロナ対策と劣化した社会の再編成を一つの動きとして行う ―

1. 新型コロナウイルスの特徴と一石二鳥、一石三鳥、一石四鳥のシステム転換

　生きものたちが独自の進化を遂げてきた島に、突然ネコがやってきた。ネコとは何か？　正体がつかめないうちに、丸々ふとった飛べない鳥たちは次々と殺されていった。それでも鳥たちは生活習慣を変えようとせず、書類に印鑑を押すためにネコがうようよいる電車にのるとか、会議で座ったり居眠りをしたりするためにネコのいるブルシットジョブズ（くそ、くだらない）仕事（Graeber, D. 2018＝2020）の森に出かけるといったことを繰り返していた。

　こうして絶滅した鳥のことを、後世の生物学者はアホウドリと命名した。

　わたしたちは、アホウドリにならないよう気をつけよう。

　逆に、ネコから生き延びることと繁栄することを一石二鳥にして、空高く飛びたとう。

　新型コロナウイルスが突然あらわれ、地球上にひろがった。放置すると社会に大量死をもたらす。ウイルスは、そうしなければものすごい数の人が死ぬぞという恐怖によって、人々の行動様式と社会システムを変えることを要求している。

　新型コロナウイルスとは何か。

　最初は濃厚飛沫を吸い込むか、飛沫がついた手で口や鼻を触ることによって感染し、一部の高齢者だけが重症化する肺炎の一種と思われていた。

　最初に大流行が起きた中国の情報提供は遅れた。中国政府は情報を止めた。危険を知らせようとした医師たちは脅されたり逮捕されたりした。

　時のアメリカ大統領トランプは新型コロナウイルスのリスクを小さく見せたがった。代表的な国の機関CDC（米疾病予防管理センター）は、トランプが選挙で劣勢になるあたりで、空気を介した感染（飛沫感染と空気感染の中間的な感染様態）について言及するようになった。

　現在でも、新型コロナウイルスはわからないことだらけである。今のところ（2021年時点）、次のようなことがわかってきた、と専門家たちの研究成果から言われている。

・肺だけでなく、心臓、血管、脳などACE2（アンジオテンシン変換酵素Ⅱ）受容体が多い臓器はどこでも損傷を受ける。

・比較的若い人でも一定数が重症化したり死亡したりする。

・全身性で多種多様な後遺症が長期的に残ることがある。

・無症状であっても、心臓、血管、脳などに長期的な障害が起きることがある。

・感染の多くは感染させる側が無症状の状態で起きており、このことが感染予防を困難にする。

・変異株が次々と生じ、流行ウイルスは、感染力が大きい変異株に次々と置き換わる。

・変異が生じる確率と頻度は感染者数が増えれば増えるほど大きくなる。

・現時点（本稿執筆時）までのところ、ウイルスは変異を繰り返しながら、感染させ、重症化させる力を、ほぼ倍々のペースで増大させている。次々と新しい変異株が生まれては、従来株といれかわる繰り返しである。変異株が流行している地域では、ロックダウンをしても感染拡大を止めることができない、小児病棟が満杯になった（Telegraph, 2 January 2021, Norway Today 7. January 2021）等の報告がある。

・現在さまざまな変異株が発生し、日本でも感染が拡大している。

・発生当初、子どもは感染や重症化を起こしにくかったが、変異株は子ども

にも感染しやすくなった。従来型と比べると、若年層も重症化したり死亡したりしやすくなってきた。

・免疫ができても一定時間がすぎるとウイルスの変異によって効果が弱まり、重傷者や死亡者が再び増えはじめる。ワクチンができても、変異によって効果が弱まるので、ある程度の変異が生じるごとに次々と新しいワクチンをつくって大多数の人に接種する必要がある。ワクチンと変異はいたちごっこを続けることになる。(小野 2021)

このようなウイルスに対し、社会はどのように対処したらよいであろうか。

自然の摂理から考えれば、「こちらの都合を考慮」してくれない外部環境の変化が大きい場合、それに応じて内部システムを変えるか、変えることができなければ滅びるかのどちらかである。新型コロナウイルスは、そのような外部環境の典型であると言ってもよい。

したがって、新型コロナウイルスに対する防御のために、これまでの社会システムを組み換えなければならなくなる。そのために、さまざまな面でのパフォーマンスの低下を覚悟しなければならなくなる、とわれわれは考えがちだ。

しかし、新型コロナウイルスに対する防御が、そのまま、社会のパフォーマンスを上げることでもあるようなデザインを目指すことができないだろうか。新型コロナウイルスに対する一石がただの損失ではなく、一石二鳥、一石三鳥、一石四鳥の利益をもたらすようなデザインを組むことはできないだろうか。

出典を忘れてしまったが、どこかで、こんな格闘技の技術についての記事を読んだことがある。相手の攻撃を腕で受け、その次に突きの攻撃に移ると二動作になる。それに対し、片方の足からもう片方の足に重心を移動させつつ体を回転させ、体軸を左右に移動させることで攻撃をかわして防御し、同時に、その回転に乗せてパンチを出すと、防御と攻撃が一動作でできる。あるいは防御と攻撃がひとつのこととして起こる。

格闘技とは縁のない筆者であるが、こういうことは環境変化に応じる進化の

過程でもよく起きていることではないかと思う。

　環境変化に応じるやむを得ぬ一石が、一石二鳥、一石三鳥、一石四鳥……の効果を次々と展開する社会のエピジェネティック・ランドスケープ的な展開を目指すことはできないだろうか。

　以下では、人類全体と日本社会という2つの水準で、新型コロナウイルス対策と社会の再編成がひとつのプロセスとなるシステム転換について考える。

2. 人類と新型コロナウイルス

　人類が核や生物兵器を手にしたということは人類全体の統治が必要になったということを意味する。また航空機網による人の行き来の密度増大は、感染症に対し、地球という空間が小さくなったことを意味する。人類全体で合理的にものごとを計画して決める必要が、新型コロナ感染爆発以前からあった。

　また、異教徒や異民族は人間以外の動物や昆虫のようなものであり、殺してもかまわないし、どうなってもかまわない、といった感覚は全地球的に薄れてきている。同じ人間であるという人道的感覚がひろがるなかで、人類のかなりの部分が飢えているとか、医療が十分にいきとどいていない、あるいは期待できる余命が地域によって大きく異なっているといったことは、問題であるという意識がひろがっている。殺戮を好む宗教的過激派といえども、このような「平等意識」の裏返しとしての被害感と憎悪に駆動されていると考えることもできる。貧困問題が人類全体の問題として意識されはじめてきた。

　人類史のこのような局面で、新型コロナが感染爆発した。

　ワクチンと変異がいたちごっこを繰り返すなか、毎年新しいワクチンをつくり、地球上のすべての人、あるいは大半の人に接種する必要が生じる。

　この人道的なグローバルガバナンスは、豊かな国のエゴイズムからも強く要請される。感染者が多ければ多いほど変異の生起数も大きくなるので、大量の貧困地域の層を放置することは、富裕地域の層の生命健康をも害することになる。大量の貧困地域の層のなかから発生した変異ウイルスによって、富裕地域の層の免疫やワクチンが効かなくなるからである。

　つまり新型コロナウイルスは、全人類のワクチン接種の平等を要求するのである。

　また、栄養状態が悪いことは、新型コロナウイルスが蔓延する好条件となり、そこから変異が大量に生じる。したがって、新型コロナウイルスは、人類の大半がよい栄養状態にあることを要求する。もちろん脳がないウイルスは何も考えていないが、生命なのかモノなのかもわからない複製と選択の挙動として、人類にこのようなヒューマニズムを要求するのである。

　新型コロナは、ウイルスの変異株を世界中くまなくモニターし、情報を提供し合い、次のワクチンづくりに役立てる全人類の協力網を要請する。ウイルスは、どんなに対立している国々であっても、協力し合うことを強いる。

　ウイルスは「このようなときに戦争なんかしているんじゃないぞ。全人類が協力しなければだめだぞ」とお叱りの言葉を投げかけてくれる。

　まるで新型コロナは、人類に、「愚かなことはやめなさい、新しい段階に進歩しなさい」と神さまが遣わした天使のようなものではないだろうか、とすら思えてくる。

　全面的世界政府は、もしそれが腐敗したり暴虐の政府となったりしたらとりかえしがつかないので、つくらない方がよい。しかし、宇宙人が攻めてきたときには、全人類が一つになる用途限定の世界政府が要請される。実は核兵器が発明されたとき、チェルノブイリや福島で原発事故が起きたときに、宇宙人が攻めてきたのと同じことが起きたのであるが、人類は知らんぷりをきめこんだ。そんなとき、新型コロナが現れて、用途限定の世界政府を求めてきた。

　新型コロナは、人類を正反対の2つの方向に誘導する潜勢力を有している。かたや、民族主義・ナショナリズムを強め、独裁政権が地球上を覆う方向に誘引する傾向と、逆に、人類が協力し合うなかで、普遍的なヒューマニズムがいきわたり、民族主義・ナショナリズムが地球規模で「ばからしいもの」と感じられるように誘引する傾向という、2つの真逆の傾向性を有している。いったんある方向が優勢になると、後戻りがしづらい次の段階に入る可能性がある。

3. 新型コロナウイルスが出現するまでの日本社会

新型コロナウイルスが出現するまでの日本社会は、どのような状態であったか。日本の経済は縮小の一途をたどってきた。

次のサイトには、世界の富とその中に占める各国の比率を円の中の面積で示し、それが 35 年間にどのように変化したかを表現している動画がある（https://howmuch.net/articles/world-economy-as-a-living-organism（2021年4月7日アクセス））。これを見ると、ものすごい勢いで日本の富が縮小し、貧しくなっていっていることがわかる。

IT 化、グローバル化などで、世界の産業と経済は大きく変わったにもかかわらず、日本は変わることができなかったからだ。

日本生産性本部「労働生産性の国際比較 2020」によれば、日本の一人あたりの労働生産性は OECD37 カ国中 26 位、主要先進 7 カ国中では最下位である（図 6-1、6-2）。

日本は 1945 年、アメリカとの無謀な戦争に完敗することで、国家のレベルでは全体主義をやめた。だが戦後日本は、会社と学校を人格支配の基体とする中間集団全体主義社会（内藤 2001, 2009）となり、人間は存在の深いところから、まるごと会社や学校のモノでなければならないという生き方が、日常生活のなかで細かく強制されてきた。

ここでいう中間集団全体主義とは、次のようなものである。

　　各人の人間存在が共同体を強いる集団や組織に全的に埋め込まれざるをえない強制傾向が、ある制度・政策的条件のもとで構造的に社会に繁茂している場合に、その社会を中間集団全体主義社会という。（内藤 2001：21）

このような傾向は「日本的」と呼ばれることが多いが、その歴史は一般に思われているよりも短い。それはどのようにして生じたのだろうか。

小林・岡崎・米倉・NHK 取材班（1995）によれば、1927 年の日本とアメリカで、1 年の間に転職する人の割合は双方 4.3% と同一であり、1992 年にみ

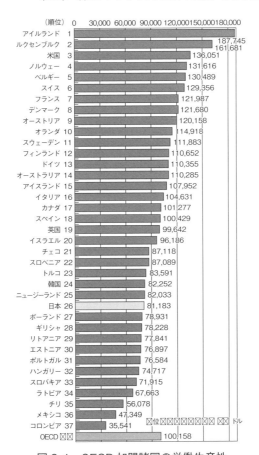

図 6-1　OECD 加盟諸国の労働生産性
2019 年・就業者 1 人当たり／ 37 カ国比較
(https://www.jpc-net.jp/research/assets/pdf/press_2020_new.pdf)

られるアメリカ 4.4%、日本 1.5% のような、日米間の大きな開きはない。また、日本企業の内部昇進役員の割合は、1935 年で 36%、1992 年で 93% である。そして小林らは次のように結論づける。

　　……昭和初期には、日本はアメリカと同じくらい転職する割合が高かった。このころ日本ではまだ終身雇用は一般的でなく、短期で職場を変わることが普通で

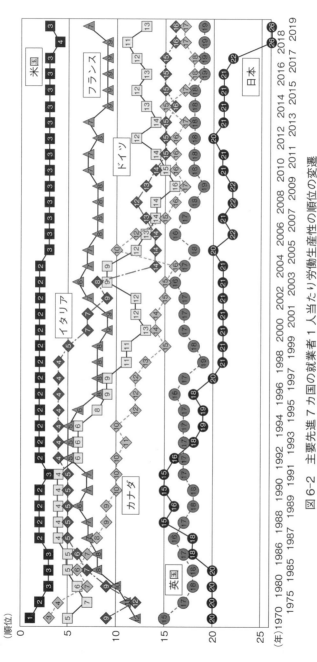

(順位)

図 6-2　主要先進 7 カ国の就業者 1 人当たり労働生産性の順位の変遷

(https://www.jpc-net.jp/research/assets/pdf/press_2020_new.pdf)

あった。戦後日本で見られる『会社主義』ともいわれた企業への忠誠心は、このような雇用関係のもとであらわれることは少なかったと思われる。(中略) 昭和初期には現在の英米型に近い市場経済システムが機能していたのである。(小林・岡崎・米倉・NHK 取材班 1995：18-19)

大日本帝国は、総力戦を計画し推し進める時期から 1945 年の敗戦まで、国家の全体主義（国家全体主義）と中間集団の全体主義（中間集団全体主義）の双方が膨れ上がり続けた。小林らによれば、そのプロセスにおいて重要な位置を占めるのが満州の社会実験である。大日本帝国は満州を侵略し、そこで、旧ソ連の左翼全体主義からナチスの右翼全体主義まで、さまざまな社会編成様式のサンプルを取り入れ、使えそうなものをつなぎあわせ、純度の高い社会統制「実験」を行った。そして、これを日本全体にいきわたらせようとした。この戦前の原形が、戦後冷戦構造下の激しい労使対立を媒介して、満州の「社会実験」以上の成果、つまり現在の「日本的経営」を生み出した。

時代区分の設定や構成要素の重み付けなどで、さまざまな議論があるが、現在「日本的」と呼ばれている現象のきっかけ要因に総力戦体制を位置づける見解は有力である（野口 2010、山之内 2015 など）。

井上達夫によれば、戦後日本社会は、高度産業資本主義に共同体的組織編成原理を埋め込んで経済成長を続けた。日本の統治原理上意図的に、中間集団共同体から個人を保護する目的では、法が働かないようにされた。その結果、中間集団共同体は、集団内部の個人に対して非法的な制裁を実効的に加えることができ、内部秩序維持に関してはきわめて強い自立性を有することになった。中間集団共同体は従業員に対する人格変造的な「教育」「しつけ」を好き放題に行うことができ、従業員の人格的隷従を前提として、組織運営を行うことができた（井上 2001）。

バブル崩壊以前は、ある程度以上の規模の企業は、社員を社宅に住まわせることが多かった。そこでは、従業員の家族をも巻き込んだ、生活と人格のすみずみにいたる、人間の共同体奴隷化が起こった。従業員の妻は、しばしば、上司の妻の家来か召使いのように扱われ、運動会やサークル活動も社内で行わな

ければならないといったことがあった。従業員の妻が、社外のサークルに参加したところ、会社から「やめさせなさい」と命令されるといった事例も報告されている（木下 1988）。

日本企業は、バブル崩壊後、従業員の生活を囲い込むための社宅をまかなう資金がなくなったが、さまざまな時期ごとの条件に応じて、職場の中間集団全体主義は現在に至るまで続いている（宇治 1981；熊沢 1983；渡辺 1989；横田 1992；宮本 1993；今野 2012、2015；山下 2014 など、資料を年代を追いながら見ると、それを確認することができる）。

日本の雇用はジョブ型ではなく、それぞれの企業単位のメンバーシップ型と言われている。そこでは、次のような現実感覚が多かれ少なかれ貫き通されている。

すなわち、良い商品や良いサービスを市場に提供して収益を上げることよりも、一人ひとりの従業員が、人格の深いところから会社のメンバーとして染め上げられた会社のモノであることを、仲間内で示し合う努力（そのようなフリをする精神的な売春に耐えること）が働くことである、という現実感覚である。

このようなメンバーシップ型雇用で「会社員」になった人々は、無駄に集まらされ、無駄にベタベタさせられ、みんなで会社のメンバーらしいふるまいをしあうことをもって、仕事をすることであると共同で誤認する。

そして、良い製品やサービスを市場に提供する苦労ではなく、会社のなかの人間関係を気にする不安が、仕事上の最大の労苦になる。

事例をみてみよう。

【事例１・なめるなよ 54 のおっさんを！】

パナソニック産機システムズの人事課長が内定者に SNS でハラスメントを加え、自殺に追い込んだ。

人事課長は書き込みが少ないといった理由で内定者を SNS から排除したり、「無理なら辞退してください、邪魔です」などと内定辞退に言及したりしたほか、「ギアチェンジ研修は血みどろになるぐらいに自己開示が強制さ

れ、4月は毎晩終電までほぼ全員が話し込む文化がある」などと入社後の過重労働を示唆したりしていたという。（『朝日新聞』2020年4月10日、『朝日新聞デジタル』2020年4月9日付　https://www.asahi.com/articles/ASN495JDNN49ULFA011.html（2021年4月7日アクセス））

　上記『朝日新聞デジタル』の中の写真（「人事課長による内定者SNSサイトへの書き込みの文面（遺族代理人提供）」）には、次のような人事課長の言葉があった。

> サイトやってないような奴は、丸坊主にでもして、反省を示すか？
> 僕も人間です。感情はあるよ。
> 僕は徹底して、露骨にエコ晶屓するからね。
> なめるなよ、54のおっさんを！
> 決して人格者ではないよ。
> 嘘つく奴は許せないんだ。

　会社が従業員を人格のところから会社の色に染め上げようとする日本の職場では、このようなことは延々と繰り返されてきた。ありふれた光景であるといってもよい。空気の振動と共に消える音声ではなく、SNSだから日頃やっていることの詳細な記録が残り、それが証拠になったと考えられる。

　ここで着目すべきなのは、パナソニック産機システムズは産業機械の会社であるにもかかわらず、報じられた人事課長によるハラスメント言動のなかに「機械」という語がみあたらないことである。

　「過重労働を示唆した」と報じられる「過重労働」の中身は、自分や自分の心について、徹底的に告白させられるとか、お話し会を延々とやらされるといったことであって、機械を扱う本物の労働ではない。被害者を自殺に追い込むまで過重だったのは、労働ではなく、他人から心をいじくりまわされる、いわば「奴隷ごっこ」である。

　もちろん、研修に多大な費用をかけてこんなことをさせても、企業の収益にはならない。新入社員を会社の色に染め上げる「奴隷ごっこ」に熱中しているだけである。日本企業の生産性が低いのは、こういうことをしているからでも

ある。

【事例2・キャバクラ支店長と優秀な若手従業員】

　ある産業機械関連企業（一部上場）の若い従業員A氏はきわめて優秀で、営業では売り上げナンバーワンを記録した。機械についての試験でもトップ成績である。会社にとっては、仕事ができる「有望社員」である。彼は、入社後、下品な上司と飲みに付き合い、仕事と関係のない無駄話に延々と付き合わされるのが拷問のように苦痛であった。

　とくに性的な接待が嫌なA氏は、「おやじたち」のキャバクラに付き合わされるのが最も苦痛であった（「気持ち悪くて吐きそうになる」）。無能な支店長は、会社の経費で飲み食いやキャバクラ遊びを楽しみたい。内心いやがっている部下たちにいっしょに飲み歩くことを強制した。支店長はそれを部下の教育と称していた。

　本社の幹部たちは効率的な経営を目指していたが、地方支店の非効率は著しかった。顧客と飲みに行ってなれあうのが、営業スタイルになっていた。

　A氏は、飲みの集まりではなく、機械についての要点をわかりやすく説明する、顧客ニーズにあわせたセミナーを有料で行うスタイルをつくり、会社でトップの営業成績をだした。顧客も、だらだら集まって酒を飲むよりも、収益につながる機械の活用法を知り、適正な価格で購入し、個別の事情に応じた運用への道筋をつけたかった。

　A氏以外にも優秀な若手が高い営業成績を上げることがあったが、上司にいじめられて会社をやめた。A氏は、だんだん支店長から毎日のように罵倒され、とげとげしい言葉を浴びるようになった。A氏の妻が妊娠し子どもが生まれる時期には、支店長は「流産する」といった言葉をA氏に浴びせることすらあった。

　A氏は会社の幹部にそのことを話した。

　幹部たちは、支店長を二度と浮かび上がれないような左遷コースに落とした。会社は、これまでの古い体質を改善しようとしている時期にあった。何十年か勤めた支店長を切り、有能な若手従業員のA氏の方を選んだ。

　支店長は、幹部たちにとがめられたとき、Ａ氏のためを思って、Ａ氏を社員として教育しようとしていたと言い訳をした。そのような言い訳は通じなかった。

　Ａ氏はなんとか生き延びたが、Ａ氏以外の有能で高い営業成績を残した何人かの若手従業員たちは、無能な上司に対するへつらいや不快な人間関係を要求する圧力に屈して会社をやめた。会社に収益をもたらす優秀な若手ほど会社をやめた。

　この会社は、新入従業員研修として自衛隊への体験入隊を強制している。

　【事例 1】で見た、人格を会社にあけわたし、「こころをさらけ出し合う」ことを強制する奴隷ごっこの研修費用も、【事例 2】で見た飲み屋やキャバクラの費用も、企業の経費である。その分は商品やサービスの価格に上乗せされる。

　これを、経済的な繁栄を目指す合理的な企業活動の論理から考えてみよう。

　企業の側からいえば、商品が割高になれば市場での競争で不利になるはずである。不利な状況が続けば企業は存続できないはずである。

　また、顧客の側から見れば、割高な商品やサービスを購入させられていることになる。顧客が企業である場合、自社の購入担当者が飲み屋やキャバクラで接待されるよりも、その分の無駄な経費を差し引いた価格で購入し、コストカットをしたいと考えるはずである。また、もし購入担当者が飲み屋やキャバクラでの接待目当てに割高の商品やサービスを購入したとしたら、それは不正行為であり、処分の対象となるはずである。

　また、このような商慣行が蔓延する社会は腐敗した社会であり、生産性が下がり、その国の経済はうまくまわらなくなるはずである。貧しい国々はこの腐敗に苦しんでいる。

　さらに言えば、仕入れ先企業で洗脳研修を受けた従業員が涙や鼻水で顔をぐちゃぐちゃにしながらプライベートなことを告白させられる姿や、はたらく労苦の大半が所属組織内の精神的売春に投入される姿を想像してみれば、このおぞましい奴隷遊びを実施する経費が上乗せされて割高になった商品やサービ

スを買わされるのは、いやであろう。少なくとも、「それは貴社の趣味の問題であって、その変態趣味のための代金を、なぜ我が社が割高の品物を購入することによって、間接的に支払わなければならないのか」ということになるはずだ。

飲み屋やキャバクラ、奴隷ごっことも言うべき人格改造研修、無意味な会議など、ワタシは会社に身を捧げていますというフリをするために人が集まる精神的売春のための経費は、すべて商品やサービスの価格に上乗せされ、あたかも消費税が5%から40%に引き上げられるのと同様の、ひどい経済減速効果をもたらす。

それは、無意味な常駐ソフトによってメモリを食い、動作が遅くなり、ときにフリーズしてしまうパソコンのような経済である。

また、良い製品やサービスを市場に提供して収益をあげるという本物の仕事ではなく、仲間内で会社のメンバーらしいメンバーであるフリをしあう精神的売春の労苦に耐えることを働くことであると共同誤認する習慣は、企業を生産の場というよりも人間関係の政治の場にしてしまう。これにより、派閥や属人主義といった、企業経営にとって破壊的な要素がふくれあがる。

このような体たらくでは、日本の生産効率が先進7カ国中最下位になるのも当然である。

コロナ禍の前から、IT技術がこれまで人が行ってきた業務にとってかわり、産業と経済の変化は世界規模で加速していた。そのなかで、社会全体が「大きな中学校」のようにできている日本は、変わることができずに衰退の一途をたどっていた。

4. 中間集団全体主義のコスモロジーの核としての自己裂開規範

新入従業員を自衛隊に入隊させても、洗脳研修の心理操作によって涙と鼻水でぐちゃぐちゃにして叫ばせても、収益上のプラスになることはない。むしろマイナスになるのであるが、日本の企業はそれにこだわる。そのこだわりが社会全体で暴走し、止められない。収益をあげることよりも、従業員が箸をくわ

えて口角を上げたり、腰を 45 度曲げてお辞儀をしたり、経費で飲食をしたり、涙を流したり、叫んだり、社歌を歌ったり、印鑑の角度を傾けて卑屈な態度を示したりすることにこだわる。日本の企業は、よい商品やサービスを市場に提供して大きな収益を得るという企業活動の原理からは、なんのプラスにもならないことに経費をつぎ込んでおり、そのことで経済全体が衰退していても、やめることができない。

　日本社会の中間集団全体主義により、企業自体が、企業でなくなり、別の種類の団体になってしまったと思われるほどのことが起きており、そのなかで日本経済が衰退する。と同時に、従業員は企業に人格の深部まで侵略された共同体奴隷にさせられていく。日本人の大多数は、中学校の教員が女子生徒の下着の色をチェックしてもおかしいと思わないように、新入社員が自衛隊に入隊させられたり、洗脳研修によって涙と鼻水でぐちゃぐちゃになって叫ばされても、それを許しがたい人権侵害であると思わない。

　日本社会全体に、中間集団全体主義のコスモロジーがさまざまな濃淡でいきわたっているからである。

　ここでいうコスモロジーとは、生活世界を緊密に包み込み、人が属する部分的な社会を、外部がない、膜につつまれた一つの宇宙（コスモス）であるかのようにする、感情とストーリーと実践の体系のことである。

　以下、「学校のいじめのメカニズム」（内藤 2021a）の「学校」「生徒」の部分に「会社」「社員」という語を代入することによって、「日本的」企業のコスモロジーを描出する。

　入社した「ただの人間」が人間性の根底から、あるいは存在の核心部から、〇〇社の「社員らしい社員」に変わり続ける連鎖が生活空間を覆い尽くすことによって、それだけでは単なる「よい商品やサービスを市場に提供して高い収益を得る」目標のための機能的連結にすぎなかった企業体が、個を超えた高次の価値存在として立ち上がる。この基本構造は日本の中学校と同一である。

　現代先進諸国の価値セットである個の尊厳、市民的自由、自律的な個人といった価値を帯びた外部の人間（社員は会社の外部から就職してくる）が加工素材であるからこそ、それを否定することは、人が存在の核心部から、まる

ごと○○社の「社員らしい社員」になったことを示し、「○○社らしい○○社」
をもたらすことに寄与する。

　そのために、自衛隊に入隊させたり、洗脳研修で涙や鼻水でどろどろにした
りしなければならないのである。これは、こだわり、やらせる側の論理からい
えば、人間そのものが根底から○○社の「モノ」になったことを証しする大切
な実践である。

　洗脳研修では、社員を涙や鼻水で濡らし、叫ばせることによって、会社
が、個を超えた集合的な生命であると感情失禁状態の内側から感じられる、
〈カイシャ〉らしい会社になるのである。

　ここで要求されているのは共同自己裂開であり、その共同自己裂開によって
労働者が○○社の「モノ」であることが、○○社の暗黙の規範となる。もちろ
んそれは明文化されてはいないが、「空気を読む」というしかたで服従しなけ
ればならない。

　自己裂開とは、個体の存在自体を核心部から裂け開いてしまい個体を個体自
身でない何かのためにあるように作り替える、自己の自発性の核心部分に装置
された作用である（真木 1993）。

　この自己裂開を倫理秩序の中心に置き、強制し、またそれを拒むことを悪と
する規範を、自己裂開規範と呼ぶ。

　日本社会では、図6-3の「生徒」の部分を「X」、「学校」の部分を「Y」に
入れ替えた一般図式としての、中間集団全体主義のコスモロジーがあまねく遍
在している。

　このように考えると、なぜ日本の企業が新入社員を自衛隊に入隊させるか、
洗脳研修で涙と鼻水でぐちゃぐちゃにするか、理解できるようになる。これは
強制的に自己裂開を引き起こすために重要なことだ。つまりこれは、ポルノ的
な自己裂開ファンタジーにおいて○○社が○○社らしくあるコスモロジーを
成立させるために、○○社の「社員」を○○社の「社員」らしくシーズニング
（味付け）する作業として必要な精神のレイプなのだ。

　この会社のコスモロジーという観点から、【事例2】の支店長の行動を考え
てみよう。

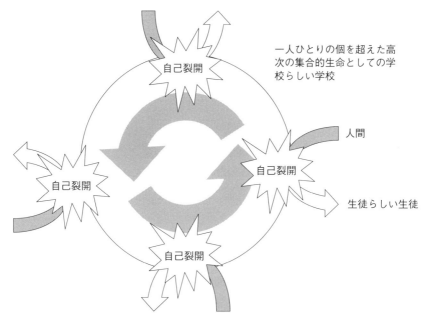

図 6-3　人間が生徒らしい生徒に変わる変換の連鎖としての学校らしい学校
（内藤朝雄（2021a）「学校のいじめのメカニズム―― IPS 理論、群生秩序、コスモロジー、
自己裂開規範を用いて」『精神医学』医学書院、p.169）

　支店長の行動は、利益追求原理とコスモロジー原理の 2 つの軸の結合（一石
二鳥）からなっている。

　　　人間の行為を直接に支配するものは、利害関心（物質的ならびに観念的な）で
　　あって、理念ではない。しかし、「理念」によってつくりだされた「世界像」は、
　　きわめてしばしば転轍手として軌道を決定し、そしてその軌道の上を利害のダイ
　　ナミックスが人間の行為を推し進めてきたのである。（ウェーバー 1972）

　第 1 の利害原理はわかりやすい。支店長は、自分の給料を用いずに会社の経
費で飲食や風俗を利用して最大限楽しみたい（物質的利害関心）。また、企業
の指揮命令系統（それだけでは人間として対等の関係であるはずだが）を、人
格支配を可能にする身分的な上下と読み替えて尊大感の賄賂を役得としてむさ
ぼりたい。

すなわち彼は、支店長でなければ誰からも相手にされない、ただの「キャバクラ好きのおやじ」のはずであるが、人格的に尊敬できる人物として指揮命令系統下の部下から演劇的なへつらいサービス —— 精神的売春 —— を無料で受け取り、尊大感を肥大させる、ナルシシズムの賄賂を受け取る役得をむさぼりたい（他人の精神的売春によって得られる自分はエラいという観念的利害関心）。このような利益追求である。

それに、もう一つのコスモロジーの原理が不可分に結合している。

支店長が言い訳に用いた「A氏のためを思って、A氏を社員として教育しようとしていた」という言葉は、会社のコスモロジーと合致する言い訳である。もちろん、支店長はA氏を一人の人間としては、なんとも思っていない。虫けら扱いし、利用しているだけであるが、A氏を○○社の社員らしい社員につくりかえるコスモロジーの実践としては、支店長のいうとおりだ。A氏が会社のためにどれだけ収益をあげようと、そんなことは、（支店長にとっての）会社のコスモロジーにとって知ったことではない。それよりも、A氏が個人として優秀であることが、（支店長にとっての）会社のコスモロジーにそぐわない。だから気に食わない。上司である自分に対し「こころから」へつらっているフリをする熱意が足りない。個人として優秀なオーラを出すなど、上司であるオレに失礼であり、自己裂開を示す誠意が足りない。それは身分に応じた自己裂開のハーモニーとしてなり立つ（支店長にとっての）会社のコスモロジーに反する。自己裂開の連鎖として、身分に応じて尊大さや卑屈さの音色を「すなお」に響き合わせあう会社のコスモロジーがある。そのコスモロジーの路線をなぞりながら、そのうえで支店長は利害計算をして生きてきた。

前者の利益追求原理と後者のコスモロジー原理がクロスした座標上の結節点として、支店長としての自分がいて、若手社員としてのA氏がいる。自分が気に食わないと感じるということは、自己裂開がおろそかになっているということであり、いためつけることによる自己裂開を起こさせなければならない。

そこで、自己裂開のてこ入れとして、いじめが生じる。A氏が存在の根幹においてもっとも大切にしていそうな妊娠中の妻とその子が、流産によって

破滅するイメージをA氏にぶつけることは、A氏の極限的悲痛にかんする架空の自己裂開ストーリーをなぞって、A氏をコスモロジーに投げ込むしぐさを見せつける遊びになる。A氏をコスモロジーに強制的に埋め込む悪意の自己裂開遊びは、コスモロジーにのっとった、「A氏を社員として教育しようとしていた」教育活動であり、教育活動は「A氏のためを思う」活動でもある。それは教育なのだから正しい（このストーリーを使いこなすことは、学校でほとんどすべての日本人が身につける「国民的共通教養」でもある）。支店長は、このようにコスモロジーの軌道をなぞりながら、保身利害のための言い訳のストーリーを選択し、「A氏のためを思って、A氏を社員として教育しようとしていた」と口走るのである。

5.　構成要素間のささえあいの論理

　日本の中間集団全体主義は、人権侵害であるのみならず、経済にマイナス効果を与え続けているにもかかわらず、変えることがむずかしい。

　中間集団全体主義は、戦後の高度経済成長のごく一時期には経済にプラスになったこともあるかもしれないが、それ以降はマイナスの効果を及ぼし続けてきた。現在では、中間集団全体主義が、経済に対する主要な減速劣化要因となっている。そしてそれが多くの人々にとって明らかになりつつあっても、変えることができなくなって年月が過ぎた。

　それでも社会の構造は変わらないのだ。

　なぜ変わらないのか。なぜ変えることができないのか。

　社会はA、B、C…とさまざまな構成要素が、よくもあしくも、ささえあってできている。あるいは、ときどきの構成要素の産出の効果が、次の構成要素の産出を導く連鎖が、社会というまとまりとして、われわれの目に映る。

　社会の構成要素Aだけが変わろうとすると、A以外のB、C…が変わらないように場の力を加えて元に戻してしまう。

　構成要素Bだけが変わろうとしても、B以外のA、C…が場の力を加え、その編成の力が元に戻す。

このおかげで、害が大きい、無駄である、残酷である、といったことが長年にわたって存続してしまうことが生じる。

日本は、害が大きい、無駄である、残酷であることがわかりきってからも、中間集団全体主義が変わらずにきた。会社や学校は「ブラック」と呼ばれはじめ、経済はコスモロジーの非効率によって破綻し坂道を転がり落ちている。社会を変える必要があっても、上記の構成要素の編成が強力な復元力を有しているために、できなかったと考えられる。

6. 新型コロナウイルスと日本社会 ― 改革の提言 ―

新型コロナウイルスが発生していてもいなくても、もともと、日本は社会システムを変えなければならなかった。そこに、新型コロナが発生した。ウイルスは、社会にあまねくいきわたる、中間集団全体主義と利害構造が結合した上記構成要素のささえあいのしくみに対し、変化するか滅びるかという、二者択一をつきつけた。

われわれは複雑な構成要素間の連結の鎖を、人間による強制ではなく、ウイルスという自然環境の強制によって、一つひとつ断ち切らざるをえなくなる。

今まで永遠に続くかのように存続し続けたものが、なくなってもどうということもないどころか、ない方がうまくいく、ない方が豊かになるし、幸福になるという、自然からの強制的な認識の贈り物が、社会にあまねく降り注ぐ。

新型コロナの感染爆発から人々の生命と健康を守るために、無駄にあつまってベタベタすることを廃し、業務をIT化することは、生産効率を高めると同時に、一人ひとりの人間を会社や学校の奴隷状態から解放することにもなる。

新型コロナ対策と、経済の効率化と、共同体奴隷からの人間の解放は、一石三鳥になるのである。

こうして、大日本帝国による総力戦体制を奇貨として生じ、「日本の伝統」と誤認され、戦後は利害構造と合体しささえあい、経済合理性に著しく反してまでも存続し、人間を中間集団共同体の奴隷・家畜にしつづけた社会構造は、新型コロナを奇貨として滅びる可能性に開かれた。このチャンスをつかむこと

ができるかどうかによって、われわれの次の運命が決まる。

7.　新型コロナウイルス被害産業と医療改革

　新型コロナによる危険な状態があとさらに数年規模で続くとすると、人があつまって酒食を共にする飲食店、人が広域で移動する旅行会社などさまざまな業種に対し、休業補償というかたちで手当をすることが不可能になる。

　たとえば、気候変動により気温が上昇し雪が消滅した場合、スキー場はなくなり、そこで働いていた人たちが職業を代えなければならなくなるように、新型コロナ感染爆発がさらにあと数年続けば、飲食店や旅行会社などさまざまな業種が存続不可能になる（このような産業を新型コロナ被害産業と呼ぼう）。政府は閉店期間の補償金を払い続けることができなくなる。

　その代わり、破格の優遇措置を講じた転職の支援を政府が行わなければならなくなる。転職する人が以前よりも生活条件がよくなったと感じるほどの、セーフティネットが必要である。転職に対し長期的な収入の目減り分を補償する。さらに、新しく必要とされる職種に移る際の技能獲得のための費用を給料つきで全額払う。

　たとえば月15万円で飲食店で働いていたやる気のある20代の店員に、月20万円の給料を払い、自動車学校のようなコロナ対策用IT医療技術専門学校に通ってもらい、その後は、看護師やレントゲン技師と同様の賃金で雇い、コロナ対策医療用IT業務についてもらう。新型コロナ対策のマンパワーを、新型コロナ被害産業についていた人々から育成する。

　新型コロナ被害産業からの転職への給付を手厚いものにし、新型コロナ対策産業に転職する場合には、さらに手厚いものにする。これは、コロナとたたかう体制づくりと、コロナで被害を受けた人を守る福祉が一つの動作にこめられた、一石二鳥の政策である。

　このことは、これまで企業が人間を丸抱えにすることで政府が福祉やセーフティネットの拡充を怠ってきた構造の変革をもたらし、高福祉、手厚いセーフティネットを前提にした、労働市場の活発化を要請する。またこのことは、メ

ンバーシップ型就労からジョブ型就労への変革につながる。

それは、前出の非効率な経済からの脱却を加速する。

新型コロナ対策としての飲食業の縮小は避けられない。その際、プライベートに親密な者同士で訪れる枠と、仕事上の付き合いで訪れる会合飲食枠を区分したうえで、後者の枠を減らす政策は、感染防止と、経済効率を上げること、精神的売春仕事の労苦からの解放という一石三鳥になる。

そのためには、税務署が会合飲食費、遊行費を経費として認めないという方針を採ることが必要不可欠となる。

変異株によって子どもが感染しやすくなる場合、学級閉鎖が必要不可欠になる。そのときの集団主義の緩和とIT化は、これまでの全体主義的な学校から子どもたちを解放し、かつ、学習の効率を上げ、会社と学校の奴隷ではない新たな日本社会の市民を育成するよう、日本の教育を変える可能性を有している。

次に医療改革を論じる。

おり悪く、日本を含め多くの国で、医療の経費を削減するための医療設備縮小期に、新型コロナが感染爆発し、被害が増大した。キャパを超えた患者数により医療崩壊が起こり、医療を受けられずに死亡する「新自由主義」的な政策の被害者が続出した。

これまで、医療の経済性を重視するか、新型感染症のパンデミック対策をしっかりするかは、こちらをとれば、あちらを失う、というトレードオフの選択肢と考えられてきた。莫大な入院枠をつくるか、大勢の死者を出すかという二者択一になっていた。もちろん、大勢の死者を出すよりは、莫大な入院枠をつくるべきであることは言うまでもない。

しかし、これまで病院でしかできない、入院でしかできないとみなされてきたことを自宅で行う、あるいは医師しかできないとされてきたことを医師以外の職種で行う第3の道を考えることができる。

すなわち、これまでは病院でしか操作できなかった、さまざまなカメラ、モニター、センサー、酸素ボンベあるいは酸素濃縮機などの医療機器を自宅に設置し、ITネットワークで病院や医療センターと連結し、宅配で薬や検査資料を受け渡す、リモート医療システムを構築するのである。身体にとりつけるセ

ンサーや、身体を映し出すカメラを、リアルタイムで医療技術者やAIと接続し、そこからの情報を、医療に活用する。血液情報を自宅から送信できるようにし、宅配システムで迅速に検体を検査センターに送り、薬液と注射の宅配と自己注射を容易に行う技術を洗練させる。安全な酸素療法などを自宅で行えるようにする。

　すべての家庭に、そのための補助金を出す。すべての家庭が、電話や冷蔵庫や洗濯機を持つように、上記の医療装備を持つのである。

　また、そのための医師以外のさまざまなリモート医療専門職を創設する。

　医療は、自宅医療設備を用いたリモートの検査や診察や治療と、病院やクリニックへ出向くタイプの2つからなり、前者が増えることにより、医療費が大幅に削減される。つまり、パンデミック終息後に、永続的な医療費の削減をもたらす。

　また、そのための新たな先端技術の業種が生まれる。

　さらにこれは技術の移転効果をもたらす。たとえばアメリカ軍は膨大な予算を用いて最先端技術を開発し、それが民間の技術に流れて、アメリカのハイテク産業と経済を支えてきた。それと同形のしくみを、軍隊ではなく平和産業である医療で行うことができないであろうか。

　この医療改革は、第1に、人々の命と健康を新型コロナから守り、第2に、経済成長に資するリモート医療ニューディール政策となり、第3に、これに関する新業種が新型コロナにより転職を余儀なくされた人たちの就労先となり、第4に、新型コロナが終息した後には、旧来のなんでも病院に人を集めるタイプの医療よりも医療費が安価になっており医療費削減をもたらし、第5に、高度技術の開発はさまざまな産業に技術移転をもたらす一石五鳥になる。重要なことは大量生産により単価を安くすることである。諸外国に輸出して収益を増大させると、これは一石六鳥になる。

8. 労働時間の短縮

以上論じたことに、労働時間の短縮を加える必要がある。

新型コロナウイルスが蔓延しているときに、印鑑などを事務に使用してはならない、印鑑を押すために危険な電車に乗らなければならない、などという状態をつくってはならない。リモートでできるはずの会議で人を満員電車に乗らせてはならない。印鑑の廃止は必要不可欠である。事務もペーパーレス化しなければならない。

筆者の提案が実現した場合、意味のない書類のための書類や、むだな集まり、精神的売春の仕事など、無用で有害でコストがかさむだけの「くそ、くだらない」仕事（Graeber, D. 2018=2020）が削減され、生産性が飛躍的に高まり、日本経済は上向きになる。

その際、意味のない仕事から解放された人々を失業者にしてはならない。そのためにも、前述の労働市場の活性化と労働時間の短縮を両方行う必要がある。企業に短時間労働のしばりをかけることによって、人々を失業から守ることができる。

さらに労働時間の短縮は、失業対策だけでなく、経済にとってもプラスになる。意味のない有害なコストがかさむだけの仕事が増殖する条件のひとつに、長時間労働の習慣がある。短時間労働制はこれをできなくする。短時間労働制それ自体に、経済を効率化する効果がある。

短時間労働の条件のなかで意味のない仕事を削減するよう企業に淘汰圧をかけ、それを生き延びた優良企業が次世代の日本経済を担うのである。

9. 国家と新型コロナウイルス

社会システムの一つの要素だけでなく、各要素の連関と重なりを含めて変えるという方針をたてると、これまで不可能と思われてきたことを可能にすることができる。特に、経済効率化と人権尊重の両方にとってプラスになるシナリ

オが望ましい。

　経済は自由放任にすべきであるとか、国家がコントロールすべきであるといった、二者択一ではなく、状況に応じてスイッチのオン・オフをしつつ、うまく組み合わせることが必要である。外敵が現れると生体が一時的に血圧と血糖値を上げなければならなくなるように、新型コロナは、経済を国家が一時的にコントロールする必要性を増大させた。ただ、そのためにこそ、全体主義化という弊害を起こさないための予防もきちんとする必要がでてくる。つまり、国家によるコントロールを強めることは、全体主義勢力の力を弱めることと同時並行的に行わなければならない。

　新型コロナの脅威が去ったときにはすみやかに国家のコントロールを解除し、かつ、そのときつくりあげたインフラストラクチャーが経済システムや、医療システムや教育システムを、以前よりも高度のものに変えていた、というしかたで社会を組み立て直す。これが日本にとってベストの国策であることは言うまでもない。それだけでなく、世界の国々にとってもベストの国策である。

10.　まとめ

　提言は以上である。

　この緊急提言を採用すれば、新型コロナが終息した後、日本は豊かになり、人々は幸せになっているはずである。また、地球規模で考えれば、人類はより望ましい次の段階に進むことができるはずである。

　（個別の挙示を省略しているが、本章の大半は内藤 2020a、2020b、2021b を中心にこれまでの拙稿（内藤 2001、2009、2016、2020a、2020b、2021a、2021b）を構成要素とし、あるいは、それに基づく新型コロナへの新たな思考の展開から構成されている。関心を持たれた方は、上記拙稿群に当たっていただきたい。）

文　献

『朝日新聞』

『朝日新聞デジタル』

井上達夫（2001）『現代の貧困』岩波書店

ウェーバー（1972）『宗教社会学論選』みすず書房

宇治芳雄（1981）『洗脳の時代』汐文社

小野昌弘（2021）「イギリス変異株拡大とワクチン最新報告」第 11 回サイエンス映像学会大会　https://www.youtube.com/watch?v=QHgThKUgcew（2021 年 4 月 6 日アクセス）

木下律子（1988）『妻たちの企業戦争』社会思想社

熊沢誠（1983）『民主主義は工場の門前でたちすくむ』田畑書店

小林英夫・岡崎哲二・米倉誠一郎・NHK 取材班（1995）『「日本株式会社」の昭和史 —— 官僚支配の構造』創元社

小林英夫（2012）『満鉄が生んだ日本型経済システム』教育評論社

今野晴貴（2012）『ブラック企業』文春新書

今野晴貴（2015）『ブラック企業 2』文春新書

内藤朝雄（2001）『いじめの社会理論 —— その生態学的秩序の生成と解体』柏書房

内藤朝雄（2009）『いじめの構造 —— なぜ人が怪物になるのか』講談社現代新書

内藤朝雄（2016）「学校の秩序分析から社会の原理論へ —— 暴力の進化理論・いじめというモデル現象・理論的ブレークスルー」佐藤卓己編『岩波講座　現代　8　学習する社会の明日』岩波書店

内藤朝雄（2020a）「日本社会は変われるのか ——『中間集団全体主義』という桎梏」『図書新聞』第 3459 号

内藤朝雄（2020b）「日本社会は『巨大な中学校』のよう…コロナ危機で克服すべき 3 つのこと」『現代ビジネス』講談社　https://gendai.ismedia.jp/articles/-/72020（2021 年 4 月 8 日アクセス）

内藤朝雄（2021a）「学校のいじめのメカニズム —— IPS 理論、群生秩序、コスモロジー、自己裂開規範を用いて」『精神医学』医学書院

内藤朝雄（2021b）「コロナ危機、劣化ニッポンが『世界で一人勝ち』する『スゴい国策』があった…！」　https://gendai.ismedia.jp/articles/-/81692（2021 年 4 月 8 日アクセス）

日本生産性本部「労働生産性の国際比較 2020」　https://www.jpc-net.jp/research/assets/pdf/report_2020.pdf（2021 年 4 月 6 日アクセス）

野口悠紀雄（2010）『1940 年体制 —— さらば戦時経済（増補版）』東洋経済新報社

真木悠介（1993）『自我の起源』岩波書店

宮本政於（1993）『お役所の掟』講談社

山下和馬（2014）『ロスジェネ社員のいじめられ日記』文藝春秋

山之内靖（2015）『総力戦体制』ちくま学芸文庫

横田濱夫（1992）『はみだし銀行マンの勤番日記』オーエス出版

渡辺一雄（1989）『会社のここだけは知りなさい』KK ベストセラーズ

Challen, R., Brooks-Pollock, E., Read, J., Dyson, L., Tsaneva-Atanasova, K. & Danon, L. (2021). Risk of mortality in patients infected with SARS-CoV-2 variant of concern 202012/1: matched cohort study, BMJ 372: n579　https://www.bmj.com/content/372/bmj.n579（2021 年 4 月 6 日アクセス）

Graeber, D. (2018) Bullshit jobs: A Theory, Simon & Schuster.（『ブルシットジョブ——クソどうでもいい仕事の理論』酒井隆史・芳賀達彦・森田和樹訳、岩波書店、2020 年）

Howmuch.net（2015）This 20-second Video Summarizes 35 Years of World's Economy https://howmuch.net/articles/world-economy-as-a-living-organism（2021 年 4 月 7 日アクセス）

Nicholas G. Davies, Christopher I. Jarvis, CMMID COVID-19 Working Group, W. John Edmunds, Nicholas P. Jewell, Karla Diaz-Ordaz & Ruth H. Keogh. (2021). Increased mortality in community-tested cases of SARS-CoV-2 lineage B.1.1.7., www.nature.com https://www.nature.com/articles/s41586-021-03426-1_reference.pdf（2021 年 4 月 6 日アクセス）

Norway Today（7. January 2021）　https://norwaytoday.info/news/around-30-swedish-children-have-become-life-threateningly-ill-after-covid-19/（2021 年 4 月 6 日アクセス））

Telegraph（2 January 2021）　https://au.news.yahoo.com/covid-wards-full-of-children-as-uk-pandemic-explodes-053207113.html（2021 年 4 月 6 日アクセス）

第 **7** 章

禍福は糾える縄の如し

1. コロナ禍のもとで授業はどう変わったか

加納：みなさんこんにちは。私は山形大学に着任して 18 年になります。着任するまで、山形を訪れたことはありませんでしたが、山形市は、私にとって、人生で一番長く住んだ街となりました。着任した当時の学生らが、まもなく 40 歳を迎えるのかと思うと、何も成長できていない自分に不甲斐なさを感じることがあります。山形大学に着任する前は、愛知県内の私立大学に勤務していましたが、当時のゼミ生が、「昼休みに近所の田んぼの用水路で、ザリガニを捕まえました。先生どうぞ」とザリガニを持ってきたことがありました（もちろん断りましたが）。毎週何か生き物を捕まえて持ってくるようなユニークな学生は、山形大学にはおらず、あっという間の 18 年でした。

　山形大学の学生にはハンズオン型の学習が必要だなと思い、数年前から、ドローンを飛ばしたり、AI ロボットのプログラミングをさせたり、Arduino[1) を用いた電子工作などを行っていました。2020 年も同様の計画を立てていましたが、コロナ禍によりそれらは中止し、オンラインでできる授業内容に変更しました。Zoom のブレイクアウトルームを使用し、Jamboard 等を用いた KJ 法など、グループワーク中心のリアル遠隔授業を行いました。対面で KJ 法を行う時には、1 時間ぐらい時間をとっても、付箋をおもちゃにしているばかりで、なかなかはかどらないところ、リアルオンラインで行うと、30 分程度で、色分けした付箋を（電子）ペンで囲んだ

りした、KJ 法独特の分類図があっという間にできあがり、学生等の集中力の高さと効率の良さを実感しました。

　同期型オンラインとオンデマンドは分けて考える必要があると思っていて、課題レポートの質は、同期型遠隔授業＞面接授業＞ハイブリッド授業といった印象です。つまり、面接授業の時よりも、全員が同期型オンラインで参加している場合が最もレポートの質が上がりました。その一方で、ハイブリット型の授業では、Zoom による同期型授業を受ける学生はグループワークを行うことができるものの、オンデマンドのみで参加する学生に、グループワークで実施した内容を一人で自宅で取り組ませようとすると、上手くいかず、結果としてレポートの質も下がりました。そのため、グループワーク中心に進める授業では、ハイブリッドは適さないと感じました。

　皆さん、この 1 年を振り返っていかがでしたでしょうか？

葉養：43 年間の大学勤務を終え、一昨年度文教大学を定年退職しました。最も長く勤務したのは東京学芸大学で、その後 5 年間は国立教育政策研究所、その後埼玉学園大学を経て文教大学で 6 年間を過ごしました。文教大学では教員養成課程関係の授業を中心に、保育士養成課程の保育実習等も担当してきました。

　専門は教育行政学や教育社会学、教育経営学などで、若い頃から「学区制」や地域における教育計画の設計などの研究を進めてきました。

　退職後の 2020 年度からは、多摩美術大学と淑徳大学の教職科目（教育原理、教育制度論、教育方法論）を担当しています。

樫村：私は愛知大学文学部で社会学教員として 22 年になり、その他、非常勤については看護学校で教えています。学長補佐をしていたので 2020 年度および 2021 年度の担当授業数は少なかったのですが、ゼミや社会調査実習は Zoom、後期になると面接授業復活でオンラインとのデュアル授業もしました。また、文学部 1 年生の必修の授業では、課題型で動画の授業も作りました。何本も作っている先生は夜中までかかるとよく聞きましたが、確かに私も作り込みの手間はかけたなと思います。私のゼミでは、面接授業の希求がかなりありました。また、対面を望むかどうかについては、同じ社会学専

攻の中でもゼミの差が結構ありました。加納先生のおっしゃる、課題レポートから見た授業の質について、リアル遠隔授業の方が面接授業よりいいところもあるかもという感想は私もあります。授業では隣の学生と私語をしたりしますし、授業への集中は Zoom の方がいい気もします。ただ、ゼミなどでは、それ以外のいろいろなコミュニケーションなど重要なこともあるように思います。ゼミの後、学生と喫茶店に行く機会もなくなりました。

河野：私は前の東京オリンピックの前年に大学生になりました。世の中に電卓もない時代です。「アメリカでは大学のコンピュータと小学校の教室を結んで授業をする実験が始まった」との話を聞き、さっそく学習心理学の研究室に弟子入りしました。教育工学という名前もありませんでした。パソコンのない当時のコンピュータでは、日本の授業に役立たないというのが正直な感想でした。突然のコロナ禍、しかも定年退職ですので大学の支援がありませんので、自宅のノートパソコン1台で、大宮の自宅と白河市の看護専門学校をつないで、遠隔授業に挑戦しました。面接式を組み込んでみたかったのですが、高校を卒業したばかりの地方の学生の学習環境は絶望的でした。でも、おもしろかったですね。

大野：私は東京大学の助教に着任して3年目という年度でした。Zoom を用いたリアルタイム／オンデマンド配信も、配布資料ベースの形式も行いましたが、学生からのコメントを見る限り、資料の文章量と課題の負担の調整、つまり負担が過重にならないように要点をまとめた資料を用意することが重要だと感じました。ゼミ形式の場合は発言者を順番に氏名することで、全員が自分の意見を言う機会があり、議論が均等に進む良さがあったように思います。

内藤：私は、人間が集合的に暴力的になったり、嗜虐性が高まったりする現象や、その不安、それらに関連して社会が組み立てられていく秩序現象を研究対象としています。また、このような現象を用いて、生理、心理、進化と社会をつなげる研究も行っています。便利な「モデル現象」「みなし実験」として日本の学校のいじめを使ってきたのですが、赤ちゃんがハゲワシに食べられそうになるシーンを撮影するカメラマン同様、研究に用いるだけでよ

いのかという倫理的な問題もあって、学校がそんな便利な研究材料となる
ようなひどい教育制度を変えようという一般向けの活動も続けてきました。
2001 年から明治大学で教員をしております。

2.　コロナ禍での大学等退学者減少をどう見るか

加納：2020 年の 11 月に、大学生の退学者が増えるのではないかという予測が
　報道されていました[2]。2020 年「ひらく　日本の大学」調査（朝日新聞×
　河合塾）は、「新型コロナウイルス感染拡大を受け、貴学に特に大きな影響
　がある、あるいは影響が予想される項目を（中略）選択してください」と、
　各大学に対して予想を尋ねた調査でした。学生の休退学を予想した大学が多
　数あったという報道です。一部の SNS 等では、この予想を受けて、コロナ
　禍で休退学者増加を問題視するような書き込みが散見されました。
　　しかし、予想に反して、2021 年の文部科学省による実データに基づく調査
　「新型コロナウイルスの影響を受けた学生への支援状況等に関する調査」[3] に
　よれば、退学者・休学者共に減少したという結果でした。私は、大学を退学
　しようかどうか迷っている学生、例えばこれまでであれば、大学にまったく
　通えていないと、親や家族から「学費が無駄だ」「やる気がないなら働いた方
　がいい」などと言われて退学していたところ、コロナ禍の大学が希望通りだ
　とは思っていないし、いろいろ不満はあるけれど、とりあえず一歩踏みとど
　まったのではないかと見ています。コロナ禍で休退学者減少の状況について、
　考えてみたいと思います。

（1）　退学者の減少について

加納：まず文部科学省の調査によれば退学者は、2019 年 3 万 6,016 人から
　2020 年 2 万 8,647 人に減少しています。学部 1 年生に限ってみると、2019
　年 7,096 人から 2020 年 5,186 人に 3 割ほど減少しています。退学理由は「学
　生生活不適応・修学意欲低下」と「経済的困窮」がそれぞれ 2 割弱であり、
　主な理由になっており、これまでと大きな変化はありません。「経済的困窮」

については、全体の99.1％の大学等において、前期分の授業料の納付猶予がなされ、後期分についても98.5％の大学等において同様の措置がなされたことが、「経済的困窮」による退学を防止する効果があったのではないかと思います。実際、授業料は増加を続け、国立大学の授業料は1950（昭和25）年の3,600円から、2005（平成17）年には53万5,800円となり、約150倍に値上がりしています[4]。また、心神耗弱・疾患を理由とした退学が0.4％程減少しているのは、ひきこもり傾向のある学生が、オンデマンドの授業を受けるだけで単位を取ることのできる授業もあり、退学者減少につながった側面もあったのではないかと思います。一方で、15％程は「就職・起業等」という理由もあるように、方向転換を図った学生もいたようです、人生を切り開くために、前向きに退学という決断をすることがあってもいいと思います。

河野：こんな時代になりましたので、といってプラスに受け止めたらいいと思います。何しろ、大学の教室でなくても学べるようになりました。そこで、親と子どもがなぜ大学で学ぶのか問い直してみることが必要でしょう。積極的に退学を選んでいるケースも珍しくなくなりました。

加納：そうですね。コロナ禍で、自粛が求められる中、考える時間ができ、親の決めたレールを立ち止まって、学生自身が自分で自分の道を考え、新しい道を選んだり、一歩立ち止まったりしたのでしょうね。

葉養：大学進学が50％を超え大卒圧力が高まっており、しかも、経済状況が見通せない状況の中で、「中退」のリスクは多くの学生に共有されているのではと思います。大卒のレッテルを獲得することに代え、生きていく力を獲得することに力点を置くことが極めて重要な感じがします。

加納：そうですね。学歴神話の崩壊といわれるように、大卒という資格が必ずしも絶対ではなくなっていますから。

樫村：起業など組織に属さない人も出てきましたものね。とはいえ、東大神話を崩すハーバード留学を含め、海外留学によるトラックは、コロナのせいで今消失していますね。

大野：通学に時間のかかる学生から、1・2限目の授業に参加しやすくなった

という遠隔授業のポジティブな側面についての意見を聞きます。特にオンデマンド授業では単位を落とすリスクが減少したことによる効果もあると思います。しかしやはり、退学者の減少については、経済的サポートの側面が大きいのではないでしょうか。前述の文科省の調査によれば、74％の大学が授業料等の減額・免除を行っていますし、日本学生支援機構が給付型奨学金の新制度 5) を 2020 年 4 月に開始したことの影響も指摘されています。しかしコロナ禍が長引くことで、長期的には心理的サポートを得られないことによる退学が増えるかもしれません。退学率に捉われず現状を把握していく必要があります。

加納：もちろんその通りで、どんな学生が退学・休学しているのかというのは非常に重要だと思います。留学者が半減していることも休学の減少につながっているので、一つひとつの事例を考えていく必要があると思います。

樫村：退学については、学生は辞めたがっているのに、親が辞めさせないというケースも聞きます。この点では、大学に行けるレベルの学生については、日本では高い学費を何があっても工面しようとするのが日本の親の傾向で、「学費が無駄だ」「やる気がないなら働いた方がいい」というよりは、もちろん学費が高いからサポートの限界はあるにせよ、ずるずると空白のキャリアが広がることを懸念する向きもあると思います。

　また私の大学のアンケート結果では就活不安が高まっており（実際には不安ほど求人数は減っていないのですが）、アルバイトも減っているので、学生も（親も？）大学を辞めるリスクを考慮したかもしれません。

　なお、遠隔授業になってひきこもり等の学生が授業に参加しやすくなったという解釈については慎重さがいります。当初はそういう声もありましたが、メンタルの問題を抱えている学生は不安も強く、マルチタスクが苦手な学生も多く、遠隔授業についていくのがむしろ困難になって脱落した学生もいます。発達障害の学生は、つまずきが増えているという報告もあります 6)。

　本書でも書いたのですが、マルチタスクや自己コントロールが困難な学生にとっては、時間、場所、教員と学生（友人）の身体が一つに紐づいた「教室」というエージェントは、やはりすごくアクセスがいいし楽なのです。

もちろん教室にはコミュニケーション圧力もあるのですが、じゃあ教室がなくなったら便利かというと、よりついていけなくなる現実もあるのです。

加納：なるほど、マルチタスクや自己コントロールが困難な学生は、教室で対面の授業であれば、アクセスしやすく、学びやすいということですね。その場に教員は必須アイテムなのでしょうか？　つまり、教員は研究室にいて、マルチ画面で遠隔授業を行い、50人ぐらいはオンラインで受講し、10人ぐらいは大学のパソコンルームで授業を受け、そこにはTAの学生がフォローしているという環境ではどうでしょうか？

樫村：Zoomなどでのリアルタイムの遠隔授業だと少しは緩和されるかと思います。それでも、わからないことがあった場合に、ほどほどに処理することが難しい彼らは、場から得られる情報の方が、マルチでない分、楽のようなのです。オンラインだと場にいるときの情報より縮減されて楽ではないかと思っていたのですが、そうではないところが難しいと思いました。

（2）　休学者の減少について

加納：2019年の休学者は、7万1,287人から、2020年6万5,670人に減りました。これについてはいかがでしょうか。

樫村：海外留学が割合として大きく減少しているのはありますよね。

加納：そうですね。あと、病気・けがによる休学が0.6％減少しているのは、健康に気をつけ自粛生活をしていた生活習慣が、心神耗弱・疾患を理由とした休学が0.2％程減少しているのは、自宅で授業が受けられる環境が、それぞれ功を奏したのではないかと思います。その他の理由が4割占めるのは気になるところです。休学理由のその他の内訳は文科省に照会しましたが、ローデータの開示はできないとのことでした。その他の具体的内訳には、妊娠出産・家庭の事情・兵役・進路変更等が挙げられるそうです。

樫村：韓国からの留学生は近年増えていましたから、兵役理由については、数として影響もありますね。

葉養：コロナ禍のもと小中高校と同様に大学も一斉臨時休校になり、コロナ禍での休学や中途退学の現象に世間の注目が集まってきました。しかし、この

点については私は、2019 年度の非常勤で担当した教職科目受講者の学生と 2020 年度の学生との対比でしか語ることができません。結論的に率直な印象を述べさせていただきますと、オンラインに移行したため休学や中退が増えた、という実感はあまりありません。

　Google Classroom や Google Meet を活用しての授業での学生の小レポート提出や選択問題への対応を見ると、学生間のもともとの学習意欲や文章作成力の格差に起因して、下位集団に属する学生についてはリタイアするケースが多かったような気がします。しかし、それは対面的な授業でも多分同じで、オンラインになったことに起因する、というのは乱暴な感じがします。

樫村：私が実際にかかわったケースでは、下位の学生が、教室でなら見よう見まねでついていけたり周りにサポートされたりするのに、オンラインだとできなかったというものがありました。大学心理相談室の担当者からは、明らかにコロナ禍での困難を抱えている学生がいると報告されています。学習環境や学習の質はよくなったという報告はあります（もちろん授業や教員の授業準備に依存します）が、問題は、大学に行って友達ができない、一人だとモチベーションが上がらないといった、ある時には授業と関係ないような問題、または学習コミュニティと結びついた学習の問題で、いろいろ報告されているかと思います。

　なお、ひきこもりの専門家によれば、ひきこもりで重要なのは、戻るタイミングなのですが、日常が動いていないと、それが掴みにくいようです。

河野：異常事態という意識が、学生さんにも染みわたったのでしょう。普段ですと、適当に遅刻したり、適当に授業に参加したりという姿勢がないわけではありませんでした。ところが「大学の先生たちも、なんだかいつもより真剣になっているようだ」と感じたのではないでしょうか。そこで、大学とか授業とかにたいする、自我関与が高くなったのでしょう。それが、休学者の減少につながったと考えられますね。

（3）　海外留学について

加納：休学者の減少の主な要因の一つが、海外留学者の減少であると報告され
　　ています。2019 年 1 万 1,024 人から、2020 年 4,832 人に半減しました。日
　　本からの留学が可能な国は、一定数ある⁷⁾ようですが、これについてはい
　　かがでしょうか。

葉養：私が退職する直前の 2020 年度の 3 月に文教大のゼミ学生で休学して海
　　外留学を希望していた女子学生がおりました。カナダでの 1 年間の留学を希
　　望していたのですが（文科省支援の「トビタテ！ 留学 Japan」に志願して採
　　択された）、彼女の場合出国ができたかどうか確認できておりません。文教大
　　4 年次の 1 年間休学の学内手続きは済ませ、カナダの受け入れ校に出す指導
　　教員である私の推薦状などは書類として準備し、渡航の準備は完全に整って
　　いました。このケースは、コロナ禍に起因して、もしかしたら休学がとりや
　　めになったケースですが、他の大学にもおそらく同様のケースが数多く出現
　　したのではと思っています。文科省の調査で、休学者はむしろ減少している
　　というのは、以上のケースのように海外留学ができなくなった、などの要因
　　が少なからずあるのではと思います。このようなケースは、休学や中退の増
　　減などがコロナ以前と以後とで説明できないケースということになります。

大野：樫村先生も指摘していましたが、国際的な業界への就職を希望する学生
　　が、これまでは留学すれば良かったのに、そうしにくい状況になってしまっ
　　たということは、学生にとっては大問題ですね。それでもオンライン環境で
　　創意工夫をして国際経験を積んだり、企業にアピールできる実績を作ること
　　はできるでしょうが、これまで敷かれていた留学というレールを取り払われ
　　たときに、多くの学生は就職への不安を感じるでしょうし、実際に、留学で
　　きなかったことにより希望の業種に就職できなかったというケースも多々
　　あるでしょう。それは海外留学に限らず、インターンの経験や、サークル・
　　部活での実績についても同様ですね。これらの “突然取り払われたレール”
　　に相当する道筋を、社会の側が喫緊に用意することができれば、学生たちは
　　さらに活力をもって就職準備に取り組むことができるかもしれません。

加納：確かに、旧来の就職の方式では海外企業への就職は困難になる場合もあ

りますが、コロナ下でリモートワークが普及し、米国の企業に就職している人が、日本にいてリモートワークを続けているという話も聞きました。

樫村：海外からの留学生についていうと、早稲田大学では留学生が多いので、昨年の春、早稲田大学の遠隔授業への踏み切りが早かったという背景がありましたね。他大学は最後までオンラインにするかどうかぎりぎりまで決められなかったけれど、早く踏み切ったところは準備期間も多く取れました。これは、デメリットがメリットになったケースです。

河野：私は日本教育カウンセラー協会の会長職を引き受けています。この協会のカウンセリングの特徴は、個人対個人の伝統的なカウンセリングではなく、構成的グループエンカウンターによる集団のカウンセリングを重視しています。ですから集まって密にならなければ研修会ができません。昨年の春から夏にかけては、全国で研修会が休みになりました。しかし、あちこちでの Zoom の体験が増え、これを使ってオンラインの研修ができるのではと、模索がはじまりました。募集をかけると、全国からの参加希望があり、なんと海外からの受講希望もありました。誰かがブレイクアウトルームの手法を学んできました。50 人ほどの参加者全体に理論の講義をした後、5 人ずつのグループに分けて、エクササイズという活動のリーダー役の練習をします。それぞれのグループには、指導者が配置されます。本来は同じ場所に集まって行いますが、新しい技術を使うことにより、バラバラな場所から実習ができました。これがたいへん有効であることがわかりました。このように、日本人学生が海外に出るだけでなく、海外の学生を迎えることができます。

加納：そうですね。コロナ禍でも適切な手続きを経て、一定数の留学生は入ってきていますし、Clubhouse（アプリ名）という情報コミュニケーションツールの中では、世界中の学生が集まってわいわい交流しているグループもあります。イスラエルの学生とインドの学生と、中国の研究者と、米国の企業の方等で、新たなイノベーションが生まれそうな局面もありました。学生が新しいツールを使って、これまで以上に国際交流が進んでいる側面もあるので、留学できないから海外の人との交流ができなくなったとあきらめるのではなく、積極的に世界中の人と交流をしてほしいですね。

3. 学生をとりまく環境の変化

（1）経済的困窮者の増加について

加納：退学者の退学理由の一つに経済的困窮があります。2019年18.6%から、2020年19.3%に増加しました。休学者の休学理由としての経済的困窮については、2019年15.5%から、2020年19.3%に増加しました。

葉養：私が経験した経済的困窮を理由とした退学というのは、アルバイト収入でも追いつかなくなった場合が多かった気がします。気がかりなのは、世間から低く見られている大学には基礎学力のほか、家計が逼迫した感じがする学生が多く集まっていることです。いわゆる、貧困の連鎖と言われる現象ですが、そうした大学の学生は、どれほど著名な教授陣、どれほど優れた魅力的な授業が用意されていても、まずアルバイトの口を見つけなかったら学生生活を維持できない状況にあります。ですから、コロナ禍で時短営業や休業が広がりますと、彼らのアルバイト口が減少し、退学に追い込まれるというのはあり得ることだと考えています。

　それを防ぐとしたら、大学側の授業料減免や滞納の緩和などのほか、学生の生活面を経済的にサポートする体制が必要になります。今までもうけられているのは、日本育英会奨学金や自治体が独自に作っている大学在籍支援措置（東京都足立区など）などがありますが、コロナ禍と関連付けると、そうした奨学金がもっと整備される必要があるように感じます。

樫村：学生の困窮の実態を訴える、学生側の動きもありました[8]。私も指摘しました[9]が、そもそも日本の大学は教育の（経済的）保障についての方針が欠けているので、政府の対応も遅かった。困窮者にパソコンや通信環境を自己責任で揃えさせることは、教育のアクセス権と関わるという発想すら、政府にはなかったのです。それゆえ現場の先生が、専攻費を駆使したり奔走していました。

大野：本編でも触れましたが、2021年1月に行った調査によれば、感染拡大前後の経済状況の変化として、対象となった25歳以下の学生の28.8%が

「生活に支障が生じた」と回答しています。たとえ退学せずに生活できていたとしても、別のものを犠牲にしていたり、大きなストレスに晒されているケースも多いでしょう。

（2）　学びの環境について

加納：パソコンを持っていないという議論がありましたが、私の授業を受けている学生を含めた複数の大学の学生らに調査をしたところ、95％の学生がパソコンを所有をしていました[10]。私の授業の学生に限っては100％が所有していました。パソコンを持っていない学生についてどうお考えでしょうか？

樫村：国立大学との差はある気はします。とはいえ、うちのような中堅私大でも、事前調査をしたところ、やはりパソコンのある学生の方が思ったよりはマジョリティでした。ただし、家族と共有というケースも多かった。パソコンのない学生はマイノリティにはなりますが、格差はやはりあり、パソコンがなく通信環境が欠如している学生はいたので、そこへの配慮がものすごく重要だと思いました。マイノリティゆえちゃんと調べないと可視化されないからです。

加納：山形大学でも前期の開始時点では、学生の状況がわからないまま全面オンラインに突入したため、パソコンの所有や通信環境が危ぶまれ、学生が遠隔授業を大学の教室で受けられるように、大学のコンピュータ室と、学生が自分のノートパソコンを持参して無料でインターネットが利用できる大教室を開放していました。私の授業では、エクセルのアドインなどを使用する必要のある課題もあったため、大学のコンピュータ室を使用した学生もいるかもしれないと思い、何度か授業中に尋ねましたが、利用率は0％でした[11]。

　前期の間も図書館を開放していましたが、ほとんど利用者はいなかったようです。30年前にパソコンを購入しようとすると100万円ほどして、フロッピーディスク1枚分よりも小さい容量のハードディスクしかついていないため、外付けハードディスクが必要で、現代のようなUSB等の規格もなかったので、接続機器ごとに、規格が異なり、形状も三角形や四角形のスカ

ジーカードをコンピュータに差し替える必要がありました。差しかえる度に、コンピュータの蓋の開閉が必要だったことを考えると、今は、とても便利になり、当時の 20 分の 1 程度の価格で買えるようになりました。最安値のネットブックだと、1 万円台で新品のパソコン購入できます。1 万円のパソコンでも 30 年前の 100 万円のパソコンよりかなり性能は優れています。

　大学によっては、入学金の中にパソコン代も含め、入学者全員にパソコンを配布している大学もあるようです。おそらく、コロナ禍で全面遠隔授業とした大学などは、学生がパソコンを持っているという前提で成り立ったのではないかと思います。「大学等における後期等の授業の実施状況に関する調査（文部科学省）12)」を見ると、秋田県の公立大学である国際教養大学の場合は、後期も全面遠隔で行われたようですが、何らかの措置があったのではないかと思います。このほか、東京大学、東京都立大学、横浜国立大学、埼玉大学、早稲田大学等、調査に参加した 377 校中 65 校が「ほぼ遠隔」で行われたようです。東京大学は「ほぼ遠隔」という回答がなされていたようですが、大野先生、東京大学では何か学生に環境を整えるための対策をとられていたのでしょうか？

大野：東京大学では家計が急変した世帯の学生への経済的支援に加え、ネットワーク環境の整っていない学生に対するモバイル Wi-Fi ルータの貸与を

表 7-1　大学等における後期等の授業の実施方針等に関する調査結果
　　　　（地域別）

	ほぼ対面	7 割対面	ほぼ半々	3 割対面	ほぼ遠隔
全国の状況	20.4%	11.1%	25.0%	24.6%	19.0%
北海道・東北	40.5%	15.2%	19.0%	21.5%	3.8%
関東	10.8%	7.7%	18.9%	30.0%	32.7%
中部	22.9%	12.4%	32.0%	19.0%	13.7%
近畿	17.3%	16.0%	31.5%	22.8%	12.3%
中国・四国	39.4%	8.5%	23.9%	15.5%	12.7%
九州・沖縄	20.7%	9.2%	27.6%	29.9%	12.6%

（文部科学省 13) より引用）

行っています。また、経済的困窮度の高い学生に対する PC 貸与、学部や研究室単位での PC の貸与を行っているようです。ただし、基本的にはそれぞれが独力で環境を整えるよう呼びかけています。

樫村：他大学を調べたのですが、だいたいそういう方針ですね。環境を整えるまでの緊急措置的対応でしかないのです。2021 年度はないところが多そうでした。あくまで、保護者達の自己責任です。もちろん私大連盟等から文科省への働きかけもしてきましたが[14]。

葉養：オンラインに移行して困ったことを具体的に挙げてみます。文教大学には 3 年次の 9 月頃に学生の卒論テーマに基づいて教員全員で均等な数 9 ～ 11 名の学生を受け入れ、4 年次の卒論作成や就職などの指導を行うゼミが組織されています。このコマについては、オンラインになり、おそらく対応できなかった教員が多いのではないかと思います。その点では、大学教育のなかには、オンラインに移行したため非常にやりにくくなった分野があることは確かだと思います。そのような領域では、コロナ禍の影響はおそらくかなり大きかったと言えると思います。このゼミは 3、4 年次の学生の生活指導、人生設計指導などにとって極めて重要でしたから、そのような点でのデメリットはかなり大きかった感じがします。

　ただ、事務局に聞きますと、大多数の学生が目指す教員を中心にした職業への就職は悪化してはいない、ということでした。

　オンラインの問題点は、樫村さんの言われるように、学生間の集団作りや学生と教員との直接的コミュニケーションの機会が失われる点にあるのではと思っています。

　それが、休学、中退まで結びつくかどうかというのは、学生のそれぞれの家庭の経済状況の要因（アルバイトがしにくい等）のほうが大きい感じがします。とくに、大学によっては学費が高い関係があって夜間の飲食店などでのアルバイトをして、生活費を稼いでいる学生が少なからずいます。そのような大学の場合には、国立大学などと比べると中退などが多い可能性が高い感じがします。しかし、データ的に明確に述べることができません。

大野：学生の視点からすると、授業がパソコンを必須・標準とするものなの

か、タブレット、スマートフォンに対応しているのかといったことが、シラバスなどからひと目でわかるようになっていると良いかもしれません。昨年度の資料ベースの講義科目はパワーポイントのスライドとノート機能で行いましたが、スマートフォンでは文字が小さくなってしまうため、今年度はGoogle ドキュメントをベースに作成しようと考えています。

河野：専門学校で、心理学の授業のためにオンラインの授業を準備しました。もともと教科書は従来のようにすべて説明を書き込んだものでなく、アクティブな学びをしてもらうために、必要なキーワードを網羅したものをつくってありました。そこで、普段の授業も、教科書・心理尺度などのプリント・パワーポイント教材などを組み合わせたものでした。オンラインの授業のための「手引き」を準備しました。計画では教科書を読み、パワーポイントのビデオ教材を見たり、補助プリントに挑戦したり、課題に挑戦したり等々、普段の授業に近いものになる予定でした。ところが、地方の専門学校の学生の多くは、自宅にプリンターがありません。結局、登校日を設けて、「手引き」「補助プリント」を配布してもらいました。ギガスクールの構想がありますが、児童生徒の家庭環境の整備にかなり真剣に取り組まなければならないでしょう。なお、このようなさまざまな教育方法を組み合わせて授業を準備することを「授業ストラテジー」のデザインと呼んでいます[15]。ただし、タブレットやパソコンを配って、子どもの学びが保証されるわけではありません。肝心なのは、「授業タクティクス」のデザインです。また、この時点で最新のスペックのものでも、すぐに旧式になってしまうことも心に留めておくことが必要です。

4．コロナ禍のもとでの大学教員の苦悩

（1）教員のスキルについて

加納：努力して工夫している先生と、ほとんど放棄されている方もいる。質が保たれていないという問題もあるようです。

樫村：それは学生からのフィードバックを受ける教務課がよく知っていること

ですが、面接授業以上に差が出たみたいです。課題型授業の質が最も低かった（差もあった）というのは報告されています。

加納：面接授業では、教室にいれば参加と見なされましたが、オンラインの場合、全員カメラをオンにして、顔が映っていても、授業を見ないでパソコンを使って内職をしている可能性もあるので、出席代わりの課題を出すよう大学側から指示がなされた大学が多かったようです。そのため、学生は膨大な課題がたまってしまったという指摘がなされていました。

大野：確かに学生からのアンケートでは、遠隔授業になって、各教員の課す課題が増えたという意見が散見されました。教員がやる気を出して工夫すればするほど、学生の悲鳴が大きくなるということにもなりかねない。教員のスキルやモチベーションの向上だけでなく、全体的な学生の負担量をコントロール・可視化する試みも必要になるかもしれません。一方で、レポート課題が多いことで学生のライティング能力が高められ、レポートの質が上がった、つまり学生のスキルが飛躍的に向上したという効果もあるかもしれず、負担・難易度を下げすぎないことも重要ですね。

河野：私たち教師は、「自分は授業が上手だ」と善意の誤解をしています。それがなければ、偉そうな顔をして授業などできません。学生さんからの「授業評価」の結果に腹をたてたりしませんでしたか。せっかくの遠隔授業、録画してなんども見直しましょう。「ビデオの鏡効果」が生まれます。仲間に見てもらうのもいいですね。自分の癖がわかります。最近は道具だてがいいので、自分が1分間に何文字分話しているにかも調べられます。

　これらについては、『指導と評価』誌の2019年の第68巻に1年にわたって連載があります。

加納：面接授業では、一つの操作説明を何度も繰り返すことがあります。エクセル操作等のスキル説明部分を、部分的に繰り返し見やすいように10分ぐらいのビデオにしてYouTubeにUPし永久保存版にすると、効率の良いことがわかりました。ただしその作業は無駄な部分をかなりカットしたり画像やテキストを足したりといったビデオ編集が大変でした。前期の頃は10分の永久保存版に3～4時間かかっていました。コロナ禍の時期に15回ぐら

いラジオで話す機会があったのですが、事前録音の時に言い間違ったり詰まったりすると、瞬時にその場でカットしてくれて、プロの編集の速さに驚きました。プロの技の習得は無理でしょうが、コロナ禍にビデオ編集スキルを多少向上させた大学教員も多かったのではないかと思います。

（2） 大学教員の仕事

加納：普段から雑務に嘆いている教員は多いと思いますが、1章に述べた調査にもあるように、コロナ禍では大学教員の私生活がかなり圧迫されていたようです。

内藤：大学は bullshit jobs[16] に満ちていると驚いたのですが、あらためて考えてみると、企業も学校も五十歩百歩であることがわかります。新型コロナをきっかけに、bullshit jobs のかたまりのようになってしまった社会を変革するとよいのではないかと考えています。

　どんな職種でも、自分が給料を得て生活の基盤にしている仕事の無意味さを認めることはむずかしいものです。また、学校や大学に通う消費者についても同じことが言えます。

　学生とその保護者は、給料が高く、失業者になりにくい（または、現場と人事が分かれている大企業だと上司や同僚にいじめられても配置転換によって救われるが、中小企業だと逃げることができないなど、さまざまな利点がある）職を得るために大学という商品を買います。もしそうでなければ、大学に入学する人はほとんどいなくなります。それは、就職に有利にならない大学院の入学者数を見れば明らかです。日本以外の先進諸国で大学院進学率が高いのは就職に有利だからです。学問探求という強いニーズを持つのは、趣味と収入を一石二鳥にしたい研究者志望者ぐらいのものです（ただし趣味が仕事になると楽しくなくなることもしばしばあります）。

　学生も教員も、「知っていて知らない」「矛盾する2つのことを同時に信じる」という技能を用いて、うまくつじつまを合わせています。それは重要な ethno-methods であるともいえます。

　たとえば、結婚する相手に求めるものを質問紙調査で調べると「性格」

が1位になります。しかし、年収と結婚できる／できないの統計数値を見ると、ぜんぜん違うかたちが現れてきます（くっきりした男女差も興味深いですが）。「あなたが大学で学ぶ意味」についても、まったく同じことがいえるしょう。これが「平和」のもとなのです。

　ところが、新型コロナはこのような「平和」をかき乱しかねません。「あなたは結局からだがめあてだったのね」といったたぐいの露出を誘発させるわけです。私はいじめ関係のニーズを有する人々にこたえる講演やセミナーではストレートに役に立っているという手応えを感じます。対し、教員をしているときには「あなたは結局、単位がめあてだったのね」という感想を大部分の学生に感じますが、それは「言わないお約束」です。学生にしてみても、露骨に「真実」を意識することは楽しくないので、てきとうに学問に関心があるふりをします。もちろん行為は別の姿を示します。そのような「平和」に対して、新型コロナが攪乱要因として出現しました。

　攪乱要因はシステム変動を誘発しがちです。それに対し、保守か革命かといった二値の論理で対処するのはわざわいのもとです。禍福はあざなえる縄のごとしといえるような展開を想定しながら、あざなえる縄を福の方向にずらしていく思考が必要とされるのではないかと思います。

加納：そうですね。俯瞰したものの見方が、より重要になってくるかと思います。そのためには蛸壺的な教育よりも、より多様性・多面性が求められるかと。

樫村：時間・空間を超えて他から教育に参加しやすくなっているので、その可能性がどのように広がっているか確認できたらいいかと思います。

加納：はい、そのために、少しコロナ禍における新しい社会について考えてみたいと思います。

5.　コロナ禍での新しい社会

（1）　縮小社会を見つめる

加納：村上（2020）[17] は、コロナ後の社会を戦後社会と重ね合わせて、1945年8月15日終戦と共に非常事態宣言は解除されたものの、その後、飢餓と貧困社会が続いたことを指摘し論じています。戦時中には、警察や軍隊ではない近所の人が「あの家には洋書が置いてある、敵国のレコードを所持している」と密告することがあったと聞いたことがあります。コロナ禍においても、自粛警察やコロナ自警団の存在が指摘されました。勝手に忖度し虎の威を借る狐になる人の存在により、生きづらさをさらに助長するような社会を繰り返してほしくないと思います。

　　最近、「縮小社会」という言葉を時々聞くようになったのですが……。

葉養：「縮小社会」という言葉は人口減少や経済成長の限界等に注目して使われ始められましたが、コロナ禍の政府の動きなどを見る限り、未だ経済成長路線、経済拡大路線を基礎に政策展開されているような感じがします。

　　時折、NHK などのメディアを通じ、2050年あたりの地球上の食環境の限界、地球温暖化など、地球上の人類の生き続けるための環境が打ち出されることはありますが、人口減少に対しては、海外からの人々の呼び込み、労働環境へのロボットの導入拡大など、経済成長路線については海外の企業等の買収や取り込みなど、拡大社会日本という構図が根強く残っている感じがします。そこにコロナ禍が訪れたわけですが、ワクチン等の接種拡大によってあと1、2年で収束するという前提が崩れた場合、社会はどのような打開策を打ち出したらよいのでしょうか。

　　コロナ禍（わざわい）を転じて福となすためには、コロナ禍が我々に投げかけている社会の在り方の抜本的な転換を夢見る視点が重要なのかもしれません。そこで、「縮小社会」という言葉に着目するのですが、では「縮小社会」というのはどんな社会なのでしょうか。

　　2008年に京都大学の工学部、医学部、文学部等の研究者を中心に立ち上

げられた「縮小社会研究会」の初期に、石田靖彦氏によって書かれた「縮小社会とは何か」という論攷を見ますと、そこには次のように書かれています。

　縮小社会とは具体的にどのような社会を指すのだろうか。実は、『縮小社会研究会』でもはっきり定義されていない。これはむしろ当然で、誰でも普通に使っている資本主義国、社会主義国という言葉でさえ、その定義も本来あるべき姿もはっきりせず、実体は千差万別である。資本主義国を自称する日本には中国以上に社会主義的な面もある一方で、社会主義国を自称する中国が日本以上に資本主義的な面を持っている。したがって、人が『何々社会』という名称をつけても、それはこうであってこれ以外ではないと線で土地の区画をするような輪郭づけが目的ではないし、無理にそんな輪郭づけをしてもあまり意味はないのである。…何をもって縮小社会と称するかは、そこの住民が何の縮小を重要と考えるかによって左右される。

　石田氏はこう述べた上で、縮小社会が目指すことなどに縷々触れていますが、要は「より多く、より多様に、より速く、より遠く」が良いことだとする拡大社会の対極にあるのが「縮小社会」ということのようです。

　コロナ禍の現在の日本の状況に即して考えますと、社会が「縮む」現象がもっとも端的に現れているのは人口動態です。少子化が続き日本の総人口も 2010 年頃から落ち込み始めています。

　少子化というのは、子ども数の減少に連動しますので、そこでただちに出現するのはわが国の学校システムの再編成という問題です。小学校 2 万 1,000 校、中学校 1 万校、高校 5,000 校、大学 1,000 校、というのがおおよそわが国の学校システム概要ということになりますが、その総数の圧縮はなくてよいのか、また、圧縮というのはこれまでの教育の中身をいじらずに圧縮すればよいのか等の問題が提起されることになります。その点では、文科省が打ち出した GIGA スクール構想というのは、縮小社会とも連動させて考えるべきテーマなのかもしれません。

　ここでは、子ども数の減少を背景に、日本の市区町村の学校規模が将来的にどう推移することが予測されるかを、2011 年、2030 年、2050 年の小学校規模のシミュレーション（図 7-1）で示すことにしましょう（データは

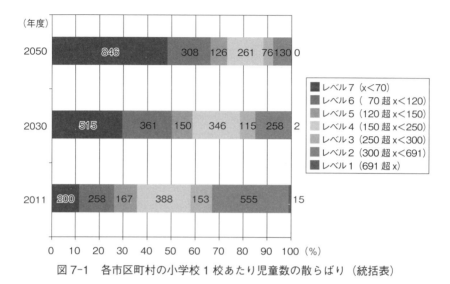

図 7-1　各市区町村の小学校 1 校あたり児童数の散らばり（統括表）

国立社会保障人口問題研究所の推計値に社会移動等の変数を追加し推計したもの）[18]。

　ここに示される 2050 年頃の 1750 ほどの市区町村の小学校のシステムは、離島や過そ地等を想定するとオンラインの教育学習システムの活用を進めるほかにはないことがわかります。その点で、コロナ禍を転じて福となす可能性が少子化問題についてはあることがわかります[19]。

樫村：葉養先生の言われるように、加速主義によって、過疎地の方に可能性が出てくるかもですね。縮小社会の問題点は、日本の経済が日本の人口の多さに支えられていたのにそれが喪失したということです。日本の労働生産性は低いのです。なので人口が減ったら、内需もなくなり、国際マーケットで闘わなくてはならなくなり、また労働生産性も上げなくてはならない。ただし、その問題がなくても、SDGs をはじめとして、国際社会と経済界（経済界においては被投資環境とリスクを背景に）が環境問題や倫理を掲げてきているので、早晩、教育にもこの外圧が押し寄せるかと思います。

加納：早晩というより、すでにじわじわと押し寄せている気配を感じます。学校で言えばすでに多くの分校は閉鎖され、中学生の頃から下宿しなければ義

務教育が受けられないなど、利便性は失われつつあります。そして、人口オーナス[20] の増大は、経済の停滞だけでなく社会保障の不安定化をも同時にもたらし、支払った額に見合う年金や社会保障を受けられず「幸福な社会」の実現をどう図るかが長びくコロナ禍の課題となると思います。もちろん「幸福」の定義は人それぞれで、これまでの生活が100%幸福だったかと言えばそうでない人も多数いるでしょうし、元に戻すことが必ずしも幸福のゴールとはいえないのではないかと思います。覆水盆に返らずというように、起きてしまったコロナ禍を元に戻すより、新しい幸福の追求が求められるのではないかと思います。

（2）　新しい時間と場の経験

樫村：コロナ禍の中で、子どもたちはゲームばかりしていたという声もありますが、海外旅行に行く代わりにネット配信で300本外国映画を見たとか、ネットで多くの外国人とコミュニケーションをしたという大学生もいました。2021年度の授業については、「正常化」「面接授業回復」といった方針が掲げられてきてはいましたが、戦時中にいったん社会進出を経験した女性たちにとってそれが不可逆的なものとなったように、コロナ禍の経験は、不可逆的にいろいろなものを社会に与えているように思います。

加納：はい、人生に無駄な経験はないと思います。映画ばかり見ていて偉大な映画監督になった人や、ゲーム好きが高じてゲームプログラマーとして成功している人も時々聞きます。もちろん例外はあります。冤罪で牢につながれ一生牢で過ごす人にとって、その経験は有益かと問われれば、Yesとは言いがたい。しかし、強制されることなく、自ら選んだ選択肢であれば、失敗経験であっても、2度と繰り返さないという学習をするためには有益な経験といえるでしょう。1日中ごろごろしてみるのも、映画三昧、ゲーム三昧も、時には良いかと思います。そして、少し立ち止まって、自分がどうしたいのか、人生を考える良い機会を、コロナ禍は人に与えたと捉えることもできるのではないでしょうか。

樫村：映画については、趣味や娯楽というより、相当な文化資本ですしね。学

生は外に行けなくてストレスがたまってはいますが、ずっと家にいるような
ことがなければ、映画を見る経験に向き合うようなこともなかったかも。

大野：YouTube、Netflix、Amazon プライムなどの映像配信サービスや
Steam などのゲームプラットフォームには国際的な感性や文化に触れる
チャンスが大いにあるので、将来につながる経験になるよう意識しながら活
用して欲しいですね。1年という時間が貴重な若者にとっては、ポジティブ
に考えることは難しいかもしれませんが……。知事や大臣が、若者の無自
覚による感染拡大を強調するなど、若者という集団を糾弾するような言説が
あったことが複数の専門家により指摘されています。本来は重症化率の低い
若者の交流や学習の制限を行わざるを得ない（ある意味では借りを作る）こ
とに触れ協力に謝意を示し、社会全体として学習や就職のサポートを行うこ
とを約束した上で、継続的な外出自粛の協力を仰ぐという姿勢が必要（また
は効果的）ではなかったかと思います。ただ、昨年4月に行った調査の結
果を見ると（「緊急事態宣言で人々の行動・意識は変わったか？」丸善出版
参照）、幸いなことに若者の多くは、オンライン環境に用意されているさま
ざまなアプリケーションやコンテンツにより、対面のコミュニケーションを
制限された環境においても、それぞれに楽しんだり、有意義に過ごしたりす
ることができているようです。少なくとも若い世代は他の世代よりも、こう
いった技術への適応力において優位に立っています。オンライン化における
長期的課題であった身体性や文化的慣習の問題のいくつかはコロナ禍によ
り否応なく解決されつつあり、より高度な情報通信インフラを備えた社会が
より早く実現するでしょう。若者はその恩恵を長く受けられること、特に学
生は技術活用やビデオ会議アプリを通じたコミュニケーションスキルなど
を高める練習時間を十分に得ることができたことは、前向きに捉えられるこ
とだと思います。

樫村：春頃、Zoom 飲み会が流行っていましたね。あと、遠隔授業への適応も
マジョリティの学生は早かった。

加納：はい。最近はじめた Clubhouse 内には「〈ごっぱちはうす〉昭和58〜
59年。世界同級生探し」という、全国の同世代の若者が集う場所があるよ

うですし、ノマドワーカー[21]のように拠点を移しながら、多様な人と交流をしながら仕事をするスタイルをとる人々もいると聞きます。若者は、どんどん新しく集う空間を、創設していくバイタリティーがあってすごいなと感心しています。

樫村：『クローズアップ現代』（NHK）で、多拠点生活する若い人たちが紹介されていました。

　また、SNSも昔に比べて社会運動やアクションに使うケースが若者で増えていますね。オリンピック森発言への15万筆の要請運動なども、若い女性たちのクラブハウスでの議論をきっかけに生まれました。上の世代と比べて、黙っていないで社会に物申す空気が醸成されており、それに共感するSNS（フェミニズムで言うとMe Too運動。フェミニズム第4波の動きとされる）での動きも瞬時に反応があります。

加納：フェミニズムと言えば、報道ステーションのCM[22]が炎上しましたね。先輩が赤ちゃんを連れてきたことと、いい化粧品を買ったという発話の間に「ジェンダー平等はもう古い」というメッセージを、若い女性に言わせていた点が批判されました。さらに、本来謝罪すべき点は、不正確なメッセージを流したことが問題であるのに、謝罪コメントが「不快な思いをされた方がいらしたことを重く受け止め…」と結ばれており、不快な思いをした一部の人がいたというニュアンスに読み取れる謝罪コメントも批判されました。世界経済フォーラム「Global Gender Gap Report 2020」によれば、G7の中では最下位であり、153カ国中121位であり、経済・政治・教育・健康の4分野のうち、政治に関しては144位という社会問題に対して、真摯に向き合おうとしないメディアの姿勢が問題といえるでしょう。

樫村：「不愉快な思いをされた方がいた」は、ヘイト行為をする側の常習言説で、差別発言であることをまったく理解していません。

　それでも今までなら上の世代の女性たちは黙ってきてしまったところ、若い世代の女性たちは「許せない」となり、それに対し、上の世代の女性たちは、私たちがこれまで黙ってきたからいけなかったんだと現在では反省すると同時に、今までの抑圧が爆発しています。

　ただ、この若い女性たちの運動で注目すべきことは、森さんの交代では済まないと思ったように、抑止、防止、それに向けての対話ということをポジティヴに提案したことです。『SPA！』[23]事件の時も、編集部の男性たちと対話がなされました。この点でも新しいです。

加納：そうですね。公権力による黒人への暴力で始まった Black Lives Matter（BLM）や武漢ウイルス等を発端としたアジア・太平洋島嶼系米国人（AAPI）に対するヘイトクライム（憎悪犯罪）やヘイトインシデント（犯罪に至らない憎悪事案。人種差別的中傷や無視等）への抗議で始まった STOP AAPI HATE[24]、日本で古くから顕在化している朝鮮人差別、東日本大震災を契機に起きた原発避難民に対する差別等、例を挙げればいとまがないほど、世界中でさまざまなヘイトが浮き彫りになっています。駅で線路へ突き飛ばす、暴力を振るうといったものから、ネット上で誹謗中傷をするなどさまざまです。国際法は、紛争やテロ、人道支援に関する取り決めは詳細になされていますが、インターネット上の誹謗中傷は、国際法の基となる条約で定められている事項[25]のいずれにもあてはまらず、ほとんど効力がありません。コロナ禍で国をまたぐ物理的な移動は制限されていますが、ネット世界の国境の消失は留まることはないでしょう。コロナ禍こそ、国際法委員会（International Law Commission）の人々もオンラインで集まり、インターネット上の国際法の整備をしたら良いかと思います。また、何者でもない我々も、できないこと探しをするのではなく、今こそできることを探し、新しい時代の明日と未来を創り上げていけたらと思います。

樫村：インターネット上での差別への対処は取り組みが遅れていますが、国際的な取り組みの可能性や必要性はあるかもしれませんね。Z 世代にとってはリアリティがある話かも。

　本書は、「コロナ禍の災いが転じて希望を作れるか」という点に着目してきたと思われますが、福祉や社会運動の現場で言われているのは、今までぎりぎりワーキングプアで生きてきた人たちの状況がいよいよ可視化され、何とかこの人たちを救済しなくてはという社会運動や社会包摂の動きが出てきていることです。BLM 運動もそうでしたが、でなければ若い女性の自殺

者をはじめ大量の犠牲者が出てしまいます。今回はとりわけ「シーセッション」と呼ばれている、女性を直撃した現象で、女性の貧困問題が可視化されつつあります。

　教育の現場でもこれまでもやっと問題化されてきつつあった貧困の問題に今、焦点が当たっていると思います。人間はショックや環境の変化から何かを学び新しいものを作ってきたので、可能性を見いだしていきたいと思います。また失われかけた大事なものにも着目できるチャンスかと思います。

加納：はい、大人の固定観念や価値観を押しつけ、あれができない、これができないというのは若者に失礼かなと思います。遠隔授業のメリットや楽しさを認識できている学生は多数いました[26]。本質的には若者は、順応性の高いホモ・ルーデンス[27]だと思いますので、新しいつながりを見つけ、新しい時代を切り開いていってほしいと思います。外出自粛等の種々の規制はスポイルスポートやスペルブレーカーの役割を果たし、がっかりする経験を通し、メタルール性を獲得し、新しい時代のルールや規範を築いていくことのできるコロナ世代の彼等の可塑性を信じたいと思います。

注

1)　Arduino（アルドゥイーノ）とは、AVR マイコン、入出力ポートを備えた基板である「Arduino ボード」をソフトウェア「Arduino IDE」を用いてプログラミングを行う「統合開発環境」である。

2)　「190 大学、年度末に休退学増加を予想　コロナで生活苦」『朝日新聞』2020 年 11 月 29 日

3)　「新型コロナウイルスの影響を受けた学生への支援状況等に関する調査（令和 2 年 12 月末時点）（文部科学省）」2021 年 2 月 16 日公開

　「新型コロナウイルスの影響を受けた学生への支援状況等に関する調査」は令和 2 年 12 月末時点のほか、令和 2 年 10 月末時点及び、令和 2 年 8 月末時点で、定期的に公開されている。https://www.mext.go.jp/a_menu/coronavirus/mext_00016.html（2021 年 11 月 15 日アクセス）

4)　国公私立大学の授業料等の推移
https://www.mext.go.jp/a_menu/koutou/shinkou/07021403/__icsFiles/afieldfile/2015/12/25/1365662_03.pdf（2021 年 11 月 15 日アクセス）

5)　成績だけで判断せず、低所得かつ学ぶ意欲があれば給付を受けられるという制度（日本学

生支援機構 奨学金の制度（給付型）https://www.jasso.go.jp/shogakukin/kyufu/index. html)。

6) 「大学のオンライン授業 発達障害のある学生から相談増加」『教育新聞』2021 年 3 月 19 日 https://www.kyobun.co.jp/news/20210319_01/?utm_source=piano&utm_medium=e mail&utm_campaign=584&pnespid=P4ZokU_tLzEA0bvQ65KOMVrnRdbeIb2bbHvy8Q （2021 年 11 月 15 日アクセス）

7) 日本からの留学が可能な国 https://ryugaku.net/13133（2021 年 11 月 15 日アクセス）

8) 田中駿介「いまなぜ『困窮学生』への支援が必要なのか」WEBRONZA、2020 年 5 月 1 日 https://webronza.asahi.com/national/articles/2020050100003.html（2021 年 11 月 15 日アクセス）ほか。

9) 樫村愛子「コロナ禍の大学、教員コミュニティが映す現実」WEBRONZA、2020 年 6 月 30 日 https://webronza.asahi.com/national/articles/2020062500006.html?page=1（2021 年 11 月 15 日アクセス）

10) 加納寛子（2020）「コロナ禍における高等教育での遠隔授業の可能性について～学生の遠 隔授業のための通信環境と ICT 機器の所有状況に関する調査より～」『日本科学教育学会第 44 回年会論文集』pp.521-524

11) パソコン所有率 100％であっても、大学で一律に配付しているわけではないので、 Chromebook 等エクセルのアドインが使用できない場合もある。MacOS であってもエクセ ルがインストールされていれば、Win10 同様にアドインは使用できる。

12) 「大学等における後期等の授業の実施状況に関する調査」（文部科学省）
調査対象：9 月時点において、面接授業の実施割合について半分未満と回答した大学及び高 等専門学校
調査期間：令和 2 年 10 月 16 日～ 12 月 18 日（授業の実施状況は 10 月 20 日時点） https://www.mext.go.jp/content/20210212-mxt_kouhou02-000006590_1.pdf（2021 年 11 月 15 日アクセス）

13) 「大学等における後期等の授業の実施方針等に関する調査結果（地域別)」（文部科学省） https://www.mext.go.jp/content/20201002-mxt_kouhou01-000004520_3.pdf（2021 年 11 月 15 日アクセス）

14) 日本私立大学団体連合会「新型コロナウイルス感染症対応に係る要望」 https://www.shidairen.or.jp/files/user/% E6% 96% B0% E5% 9E% 8B% E3% 82% B3% E3% 83% AD% E3% 83% 8A% E3% 82% A6% E3% 82% A4% E3% 83% AB% E4% BF% 82% E3% 8 2% 8B% E8% A6% 81% E6% 9C% 9B.pdf（2021 年 11 月 15 日アクセス）

15) 河野義章『授業研究法入門』図書文化

16) David Graeber (2018), *Bullshit Jobs: A Theory*, Allen Lane.（=2020『ブルシット・ ジョブ――クソどうでもいい仕事の理論』酒井 隆史、芳賀達彦、森田和樹訳、岩波書店）

17)　村上陽一郎（2020）『コロナ後の世界を生きる』岩波新書

18)　葉養正明「人口減少社会、少子化の中での公立学校について（第 1 回　学校施設と他の公共施設等との複合化検討部会）（於：文部科学省 2014・8・20）
https://www.mext.go.jp/b_menu/shingi/chousa/shisetu/013/008/shiryo/__icsFiles/afieldfile/2014/08/25/1351336_4.pdf（2021 年 11 月 15 日アクセス）

19)　就学人口減少、学校規模の小規模化、文科省の「令和の学校教育」提案、学校適正規模・適正配置、「縮小社会」下の学校問題等に関しては、一般社団法人縮小社会研究会編：縮小社会通信　第 7 号 pp.3-18. で、「大規模災害続発下の学校像 ― 縮小社会における学びの拠点持続の視点から」と題しての論攷を掲載している。http://shukusho.org/data/communication/communication7.pdf（2021 年 11 月 15 日アクセス）

20)　オーナスとは負担・重荷を指し、人口オーナスは、働く人よりも支えられる人が多くなる状況である。対義語は人口ボーナス。

21)　多拠点生活
https://www.nhk-ondemand.jp/goods/G2021112473SA000/?np_banID=top_sp0226_112473（2021 年 11 月 15 日アクセス）

22)　若い女性が以下のような発話をした CM であった。「ただいま！　なんかリモートに慣れちゃってたらさ、ひさびさに会社に行ったら、ちょっと変な感じしちゃった」「会社の先輩、産休明けて赤ちゃん連れてきたんだけど、もうすっごくかわいくて」「どっかの政治家が『ジェンダー平等』とかってスローガン的に掲げている時点で、『何それ、時代遅れ』って感じ」「いい化粧水買っちゃったの。もうすっごいいいやつ。それにしても消費税高くなったよね。国の借金って減ってないよね」。

23)　網尾歩「週刊 SPA！　炎上は出版業界に突きつけられた『お前らつまんねえよ』である」『WEDGE Infinity』2019 年 1 月 11 日　https://wedge.ismedia.jp/articles/15044（2021 年 11 月 15 日アクセス）

24)　STOP AAPI HATE（Hate against Asian American Pacific Islander communities）https://stopaapihate.org/（2021 年 11 月 15 日アクセス）

25)　外交関係に関する条約（Convention on Diplomatic Relations、1961 年）および領事関係に関する条約（Convention on Consular Relations、1963 年）、条約法に関する条約（Convention on the Law of Treaties）、外交官も含む国際的に保護される者に対する犯罪の防止および処罰に関する条約（Convention on the Prevention and Punishment of Crimes against Internationally Protected Persons, including Diplomatic Agents）、国家の財産、公文書および債務に関する国家承継に関する条約（Convention on the Succession of States in Respect of State Property, Archives and Debts）、国と国際機関との間又は国際機関相互の間の条約法に関する条約（Convention on the Law of Treaties between States and International Organizations or between International Organizations）、国際水

路の非航行利用に関する条約（Convention on the Non-navigational Use of International Watercourses）に加え、新しいものでは、国際的な不正行為に対する国家責任（2001年）、危険な活動から生じる越境損害の防止（2001年）、外交的保護（2006年）、国際機関の責任（2011年）、武力紛争が条約に及ぼす効果（2011年）、外国人の追放（2014年）、災害時の人々の保護（2016年）、それに危険な活動から生じる越境損害における負担の分配に関する原則案（2006年）と条約の留保慣行の手引き（2011年）などがある（「国際連合広報センター」より）。

26) Hiroko Kanoh（2021）A Study on the Level of Comprehension and Satisfaction with Distance Learning During the Covid-19 Pandemic, International Research in Higher Education, 6（3）29-37

27) ホイジンガ、高橋英夫 訳（1963）『ホモ・ルーデンス』中公文庫

　「スポイルスポートやスペルブレーカー」とは、『ホモ・ルーデンス』で言及されている概念である。公平なルールが存在しそれに則って努力すれば勝つことができたり、じゃんけんのように公平な確率で勝敗が決まるところに、「遊び」の楽しさがある。しかし、いかさまのサイコロで特定の目が出やすかったり、負けそうになると強引にゲームのやり直しをさせる人がいると、たちまち興ざめし、楽しさは失われる。このような遊びを興ざめさせる存在のことをホイジンガは「スポイルスポートやスペルブレーカー」と言及している。

　さらに、同著の中で、スポイルスポートやスペルブレーカーの逆説的な役割として、遊びの持続可能性に必要な要素として「メタルール性」について言及している。

　このホイジンガの「遊び」の概念で、コロナ禍の子どもたちの遊びを推察すると、コロナ禍前のように友達と触れ合って遊びたいが、ソーシャルディスタンスやステイホームなどのスポイルスポートによりこれまでの遊びはできなくなり、楽しくなくなる。だが、メタバース（アバターを用いたネット上の空間）の中で、これまで通り友達と触れ合ったり、個性を表現し、新たな遊びを創造することができる「メタルール性」を、子どもや若者は有しているので、それを阻害することこそ、スポイルスポートになりかねないだろう。

執筆者紹介

第1章・第7章

加納　寛子　（かのう　ひろこ）　編著者

　1971年岐阜県生まれ。山形大学准教授。東京学芸大学教育学部・同大学院修士課程修了、早稲田大学国際情報通信研究科博士課程単位取得満期修了。サイバー犯罪やネットいじめ、フェイクニュースなどの情報社会に関する諸問題を解決することを目指し、AIモラルや情報教育、AIやIoTと人との関係、インターネット上での心理・行動分析について研究している。主著に『ケータイ不安〜子どもをリスクから守る15の知恵』（NHK出版生活人新書）、『「誰でもよかった殺人」が起こる理由』（日本標準）、『ネットいじめの構造と対処・予防』（金子書房）、『いじめサインの見抜き方』（金剛出版）、『AI時代の情報教育』（大学教育出版）、『情報社会論〜超効率主義社会の構図』（北大路書房）等がある。高等学校普通科［情報］の設立当初より文部科学省検定教科書執筆。また、科学技術分野の文部科学大臣表彰（理解増進部門）受賞、日本教育情報学会論文賞受賞。日本情報教育学会会長。日本教育情報学会評議員、日本科学教育学会代議員（元評議員）。山形県後期高齢者医療広域連合個人情報保護制度運営審議会委員、山形市個人情報保護制度運営審議会委員ほか。

第2章・第7章

樫村　愛子　（かしむら　あいこ）

　1958年生京都府生まれ。愛知大学文学部人文社会学科教授（社会学・精神分析）。東京大学大学院人文社会研究科社会学専攻博士課程満期退学。専門はラカン派精神分析理論による現代社会分析・文化分析。著書『ネオリベラリズムの精神分析』（光文社新書）、『臨床社会学ならこう考える』（青土社）、『この社会で働くのはなぜ苦しいのか』（作品社）ほか。朝日WEBRONZA執筆。日本社会学会庶務理事、日本社会学理論学会副会長、全国社会教育職員養成研究連絡協議会理事、豊橋市他男女共同参画審議会会長、「これからの生と民主主義を考える会」世話人ほか。

第3章・第7章

大野　志郎　（おおの　しろう）

　1980年愛媛県生まれ。東京大学社会科学研究所特任准教授。博士（社会情報学）（東京大学）。東京大学大学院学際情報学府満期退学。専門は社会情報学、社会心理学、情報教育、情報行動。著書に『逃避型ネット依存の社会心理』（勁草書房）、共著に『緊急事態宣言で

人々の行動・意識は変わったか？』（丸善出版）など。

第４章・第７章

葉養　正明　（はよう　まさあき）

　1949年千葉県生まれ。東京学芸大学名誉教授、国立教育政策研究所名誉所員。東京教育大学博士課程単位取得修了。教育行政学、教育社会学専攻。東京学芸大学、国立教育政策研究所、文教大学を経て現在に至る。単著は、『地域教育計画』（建帛社）、『小学校通学区域制度の研究―区割の構造と計画』（多賀出版）、『米国の「学校の自律性」の研究』（多賀出版）、『人口減少社会の公立小中学校の設計』（協同出版）など。格差・分断・孤立などの進行する社会の学校の設計、未来像に関心を持つ。

第５章・第７章

河野　義章　（こうの　よしあき）

　1943年東京都生まれ。東京学芸大学名誉教授。博士（心理学）（筑波大学）。東京学芸大学大学院教育学研究科修士課程修了。東京都中央区立明石小学校教諭、福島大学講師・助教授・教授を経て、東京学芸大学教授。昭和女子大学特任教授を経て、現職。著書『文章題解答中の非言語的行動の表出と読みとり』（風間書房）、『授業研究法入門―わかる授業の科学的探究』（図書文化）（編著）、『教育フィールド開発』（学芸図書）（編著）、『心理学Ⅰ―その理論と方法』（川島書店）（編著）、『心理学Ⅱ―その応用』（川島書店）（編著）、『新版 教育心理学』（川島書店）（編著）など。

第６章・第７章

内藤　朝雄　（ないとう　あさお）

　1962年東京都生まれ。明治大学准教授（社会学）。東京大学大学院総合文化研究科国際社会科学専攻博士課程満期退学。集合状態のなかで個体が内側から変質し、その変質の連鎖として集合状態が展開するIPS（Intra-inter-personal spiral）、およびそれらIPSのマクロ環境内分布動態についての理論を、学校のいじめなどのモデル現象を用いてつくりあげている。著書『いじめの構造―なぜ人が怪物になるのか』（講談社現代新書）、『いじめの社会理論―その生態学的秩序の生成と解体』（柏書房）など。共著『「ニート」って言うな！』（光文社新書）、『いじめの直し方』（朝日新聞出版）など。論文「学校の秩序分析から社会の原理論へ―暴力の進化理論・いじめというモデル現象・理論的ブレークスルー」『岩波講座現代　第八巻』（岩波書店）、「学校のいじめのメカニズム―IPS理論、群生秩序、コスモロジー、自己裂開規範を用いて」『精神医学』63巻2号など。

新型コロナウイルスが人間社会へ残した禍根
― 渦中に見いだされたセレンディピティとコロナ世代の可塑性 ―

2022 年 4 月 20 日　初版第 1 刷発行

■ 編 著 者 ───── 加納寛子
■ 発 行 者 ───── 佐藤　守
■ 発 行 所 ───── 株式会社　大学教育出版
　　　　　　　　　〒 700-0953　岡山市南区西市 855-4
　　　　　　　　　電話（086）244-1268　FAX（086）246-0294
■ 印刷製本 ───── モリモト印刷 ㈱

検印省略　　落丁・乱丁本はお取り替えいたします。

ISBN978 − 4 − 86692 − 151 − 8